# 数字变革与教育的未来

李志男　张玮　杨悦 著

中国出版集团有限公司
研究出版社

**图书在版编目（CIP）数据**

数字变革与教育的未来 / 李志男，张玮，杨悦著 .
北京：研究出版社，2025. 7. -- ISBN 978-7-5199
-1940-5

Ⅰ . G434

中国国家版本馆 CIP 数据核字第 2025VM6608 号

出 品 人：陈建军
总 编 辑：丁　波
策划编辑：于　彬
责任编辑：于　彬
责任校对：王淑先

**《数字变革与教育的未来》**

李志男 张玮 杨悦 著
研究出版社 出版发行
（100006　北京市东城区灯市口大街 100 号华腾商务楼）
河北赛文印刷有限公司　新华书店经销
2025 年 7 月第 1 版　2025 年 7 月第 1 次印刷
开本：710×1000mm　1/16　印张：15.5
字数：200 千字
ISBN 978-7-5199-1940-5　定价：89.00 元
电话（010）64217619　64217652（发行部）

# 前　言

世界各地的学生正在经历教育数字化转型，一步步进入刷屏而不是翻页的时代。笔记本电脑、平板电脑、软件和应用程序，这些是21世纪的学习工具，是下一代的纸和墨。教育数字化的基本技能除了让学生获取知识、技能，提升沟通能力，形成良好的习惯，学会与人协作，还能提高相应的数字素养。计算器并没有让数学变得多余，互联网也没有让学校过时。教师在教育中仍起着关键作用，人工智能应作为辅助工具，支持教师的教学工作，而非取代教师。数字技术可以成为教师吸引学生和加强学习过程的宝贵工具，应培养教师的数字素养，帮助他们理解和应用数字技术，同时预防可能出现的负面影响。

首先，教育工具的更新换代显著提升了教学的效率和效果。传统的黑板和粉笔逐渐被电子白板、互动屏幕和智能终端所取代，这些工具不仅使课堂更加生动有趣，还能够实时反馈学生的学习情况，帮助教师及时调整教学策略。

其次，教学模式的变革使得个性化教学成为可能。通过大数据分析，教师可以深入了解每个学生的学习习惯和能力水平，从而提供更加精准的教学内容和方法。在线教育平台的兴起也为学生提供了更多自主学习的机会，使学习时间和地点更加灵活。

再次，教学理念的转变强调了以学生为中心的教育模式。传统的灌输式教学逐渐被互动式、探究式教学所取代，学生在学习过程中不再是被动的接受者，而是主动的参与者和探索者。这种模式有助于培养学生的创新思维和解决问题的能力。

最后，教育资源的优化配置是数字化转型的重要组成部分。通过互联网，优质教育资源可以跨越地域限制，实现共享和传播，从而缩小城乡、区域之间的教育差距，推动教育公平。同时，人工智能技术的应用使得教育资源的个性化推送成为可能，进一步提升了教育的质量和效率。

人工智能、数字孪生、元宇宙等数字技术在教育中的应用不应仅由科技部门主导，还需要教育工作者、学习者和社会各界的积极参与，共同制定数字技术在教育中的应用规范和伦理准则，确保它们符合教育目标和社会价值观，共同塑造数字技术在教育中的未来。

# 目　录

# 一、数字时代的教育大转型

人类文明发展的历程可以概括为：农业化、工业化、信息化和数字化。经济和社会的数字化转型极大地改变了创新格局，如今的创新研究远远超出了经济、技术和管理研究的范畴。数字化时代也在很大程度上改变了人们的工作方式和学习方式，不断变化的信息技术行业、最新的人工智能应用，不仅给各行各业的从业者带来了不断变化的学习需求，也给教育界带来了新的方法和工具。这些都促使人们寻求教育创新，尤其需要对教育领域进行彻底的变革，才能适应新技术带来的颠覆性改变。

## （一）世界从信息化进入到数字化时代

### 1. 从信息化到数字化

人类科技发展史揭示了在每一个历史时期，总有一些主导技术，它们引领着世界科学技术发展的潮流，深刻改变了世界发展的格局。而世界科学中心的转移与各国一流的教育是密切相关的，体现出教育驱动社会可持续发展的重要作用，以及对世界强国崛起和经济繁荣发展的基础性、战略性支撑。

16 世纪，哥白尼、伽利略等科学家初步建立了天文学、物理、化学等学科的研究体系。意大利是当时欧洲大学最多的地方，为其成为世界科学活动中心奠定了基础。

17 世纪，培根、牛顿、虎克、波义耳、哈雷等科学家发展了牛顿力学、电磁场理论、进化论等一批科学理论。科学上的成就成为技术革命的先导，飞梭、蒸汽机、车床等各种机器的发明代替了手工劳动，使生产力得到了飞跃发展。18 世纪的第一次工业革命之后，人类从农业社会进入工业社会。英国世界经济中心的地位得以确立。与此同时，英国议会也对教育开始进行国家干预，工人阶级及其子弟成为英国第一批接受大众化普及教育的阶层。

18 世纪，法国成为近代以来第三个世界科学活动中心，拉格朗日、拉普拉斯、拉瓦锡等科学家推动了分析力学、概率论的解析理论、化学等学科的发展。与此同时，法国还建立了统一的国家教育体制，建设了法兰西科学院，创办了欧洲最早的一批技术专科学校并培养了一批卓越的科学家和工程师。

19 世纪初，施莱登、施旺、欧姆、高斯、李比希、霍夫曼等科学家建立了细胞学说、分析化学，发明了发电机、内燃机，带动了电力、电器、汽车、石油化工等一大批新兴产业的发展。第二次工业革命使德国成为世界工业强国，也标志着人类从工业社会进入电气化时代。德国成为近代科学活动中心得益于德国大学的教育改革，洪堡参照法国科学教育制度创立了柏林大学，开创了近代大学的先河。德国提出教学科研统一的办学理念，建立以学术自由为核心的大学制度，创建教学科研结合的制度化组织（实验室），采用全新的教学方式，并积极在科学研究中作出创造性贡献，培养了一大批一流学者，吸引了大批优秀的学者和学生①。

① 怀进鹏.加快建设教育强国为全面建设社会主义现代化国家提供基础性、战略性支撑，2015.

20 世纪，贝尔、爱迪生、爱因斯坦、费米、玻尔等科学家创立了相对论、量子力学，发明了第一台电话机、电子计算机、可控核反应堆等，从而引发了第三次工业革命。电子技术、计算机、信息网络技术的发展推动人类进入全球化、知识化、信息化、网络化的新时代。美国吸收英国大学的教育理念和德国大学的学术精神，创办了世界上第一所研究型大学：约翰斯·霍普金斯大学，强调科学研究和实验室教育。研究型大学的崛起使得美国的高等教育体系进一步发展，成为国际上研究水平最高的体系之一，培养了大量具有较高科研素养和创新能力的人才，使其成为世界科学活动中心。

1946 年，第一台电子数字计算机的发明开启了当代的信息革命；1971 年，第一个微处理芯片的发明强化和加速了这场信息革命。当代的信息革命是一场关于人类信息和知识的生产和传播的革命，人类文明由此开始了信息化的进程。工业革命导致了生产的机械化、电气化、自动化和工业社会的形成，信息革命将导致人类生产和生活的数字化、智能化与网络化，导致信息社会的来临。当代的信息革命仍然处在发展和深化之中，向着各个领域不断渗透和发展。

1998 年，联合国教科文组织在《知识社会》一书中指出："信息化既是一个技术的进程，也是一个社会的进程。它要求在产品或服务的生产过程中实现管理流程、组织机构、生产技能以及生产工具的变革。"在《信息化论》中，根据恩格斯对产业革命的定义，信息化被定义为：利用现代信息技术对人类的信息和知识的生产进行全面的改造，并因而导致人类社会生产体系的组织结构和经济结构发生全面变革的一个过程，是一个推动人类社会从工业社会向信息社会转变的社会转型的过程。信息化不是目的，而是一个过程，是一场产业革命的过程。信息社会区别于工业社会的主要特征包括：互联网成为最重要、最基本的信息流载体；业务流的数字化和网络化；宏观和微观的一体化；知识经济；网络经济；新的经济活动和新兴的产业部门。

随着数学、物理学的不断进步，20 世纪后期，随着电子科学的快速发展，数字电子计算机、数字电子通信设备的研制，数字计算机软件算法研究的不断深入，人们开始以大量微电子和数字计算设备、数字通信网络、数字算法软件组成信息管理和信息处理应用系统，为信息的获取、处理、传输和利用提供工具支撑，使人类获取、识别、存储、分析、处理、传播信息的能力得到极大加强，用于描述这一活动过程的概念——“信息化”被提出并在经济和社会发展过程中逐步推进。

信息化推进了社会生产力的发展、促进了生产关系的变革，它所触发的经济、社会转型和由工业社会向信息社会的转变，不仅将重绘全球政治的版图，而且将影响每一个国家在人类历史长河中的重新定位。认识信息化、驾驭信息化并以信息化谋发展，成为每个国家在信息时代必须关注的重大主题。

早期现代信息技术主要包括微电子技术、计算机技术、通信技术和软件技术。随着微电子与数字处理技术的进步，传统的通信技术与计算机技术的区别逐渐模糊。国际上，判断一项信息技术是否属于“现代信息技术”的标准为：以数字技术为基础，基于微处理技术。国际上通行的所谓“信息与通信技术”实际上也是指以先进的数字处理技术和微电子技术为基础的现代信息技术。现代信息技术一般简称信息技术。

信息技术经历了主机阶段、微机加局域网阶段以及互联网阶段。互联网具有开放式的特点，形成了一对多通信的、互动的媒体，以前使用的任何媒体（报纸、电话、广播、电视），都无法与之相提并论。这也使得信息处理的方式走向分散化、分布式，实现了资源共享和人员协作，形成了巨大的信息网络。

信息技术的应用广度和深度也不断延伸，经历了计算机化、业务流程重新设计和机构改造三个不同的发展阶段。20 世纪 80 年代以前，计算机应用的指导思想是在生产和管理的过程中，将原有业务流程计算机化，以提高工作效率和管理水平。20 世纪 80 年代后期、90 年代中期出现了“业务流程再造”的概念,现代信息技术的潜力不仅在于使原有的业务流程运作良好，还在于能够使单位和部门打破原有规章制度和过时的设想，创建新的工作方式和工作流程。该过程需要从部门或单位实际出发，审慎规划，逐步推进。互联网的普及，使得单位的业务被置于互联网和全球化的环境中进行研究，需要研究如何利用信息技术对现有的、工业时代的组织形态和结构进行信息化的机构改造。这三个应用阶段是相互补充和促进的关系，目标都是充分发挥现代信息技术的潜力，用最少的投资取得最大的效益。

信息化给经济、社会文化、政治、军事带来了巨大的影响，建立国家信息优势关乎国家前途和命运。它为国家提供了新的增长模式和机会，是人类社会走向进一步繁荣和发展的一个新的驱动力量。国与国在信息化方面的差距体现着国家综合实力的差距。政策和发展战略是关键性的因素，抓住时机，实现较快的信息化发展和后来居上是完全有可能的。

当前的热门技术，如物联网、云计算、大数据、区块链、元宇宙、数字孪生等快速发展，为推动信息化不断向深层次发展提供了有力支撑。物联网概念解决的是感知、传导及伺服控制，是信息化应用系统的基础硬件支撑产业；云计算概念主要解决硬件资源的集约使用及少量通用软件的共享服务，为中、小用户提供算力与存储空间等硬件资源租赁服务和通用软件的有偿服务；大数据概念主要解决有效数据的挖掘与利用服务；区块链概念主要提供防篡改的数据存储方式；元宇宙、数字孪生等主要用于音视频仿真，服务于文化生活；人工智能将致力于研究实现类人功能。这些技术将现实世界的人、物、事、知识、理论、规则等数字化。

如果说工业革命突破了人力和畜力的体力极限，因为利用工业机械大规模生产极大地提升了人类社会生产力，那么数字革命将突破人体的感官感知规模极限、人脑的智力规模极限和人体神经的传导控制规模极限，因为利用超强算力、超大规模算法及各种微电子技术研制的硬件设备，可以详尽把握浩瀚的海量信息，精准掌控经济和社会发展的方方面面，科学地进行研判、决策、施策，从而极大提升人类经济和社会发展的质量。

### 2. 数字化引发的变革

数字化是一个复杂而动态的过程，通常被视为人类历史上的第四个主要创新周期。数据是经济活动的强大催化剂，大大降低了交易成本和通信成本，引发了各行各业革命性的变化，数字经济发展速度之快、辐射范围之广、影响程度之深是前所未有的。电子商务、云计算和数字经济其他领域的快速增长正在推动全球经济的重要转变。当今时代，数字技术、数字经济是世界科技革命和产业变革的先机，是新一轮国际竞争的重点领域，数字经济在全球经济中的地位正在日益凸显。

与此同时，各行各业都在将数字工具纳入其商业模式，开始进入数字化转型时代，社会的数字化转型带来了许多直接的好处：它创造了新的就业机会和服务，提高了工作效率，促进了创新。牛津互联网研究所和哥本哈根大学社会数据科学中心研究人员的一项研究表明，拥有人工智能技能的工人“特别有价值”，他们的工资比平均水平高 21%，甚至可能高出 40%，部分原因是人工智能技能具有高度“互补”性质，可以与其他有价值的技能相结合，从而提高了工人的工资水平。根据该团队的调查，员工工资（按小时工资的百分比增长）排名前五的是：机器学习（Machine Learning）（+40%）；张量流（Tensor Flow）（+38%）；

深度学习（Deep Learning）（+27%）；自然语言处理（Natural Language Processing）（+19%）；数据科学（Data Science）（+17%）。

自动化不仅取代了重复的体力任务，而且改变了许多行业的认知和创造性角色。传统上，法律研究需要律师耗费大量时间阅读和分析大量的法律文献和案例，以获取相关信息和法律解释。而现在，借助AI技术，律师可以利用强大的自然语言处理和机器学习算法，快速准确地搜索和提取所需信息，从而提高研究效率和准确性。AI还可以预测案件的结果和评估法律风险，为律师提供更全面的法律分析和决策支持。

虚拟空间将世界连在了一起，可以在不受地理局限的情况下参与交互，来自世界各地的人们可以在这里即时共享、连接和聊天，虚拟空间有助于商业品牌与消费者建立紧密联系。有些品牌开启了与消费者的社交互动，直接增强了用户黏性并促进了他们的购买行为。数字技术可以全面跟踪、记录和分析全球供应链中的每一种资源和产品。数字时代也为全世界的农业生产者带来了希望，智能手机的应用程序可以告诉农民什么时候可能会下雨，如何识别和根除害虫；数字技术通过分析每种作物所需的最佳水量，并相应地使用智能灌溉系统，可以提高能源和资源的使用效率，使农业变得无限高效。

数字医疗也把现代数字信息技术应用于整个医疗过程。人工智能技术可以辅助医生进行医疗诊断、预后分析，加快药物发现的过程；数字疗法对疾病诊疗、康复的介入，以及5G技术的运用能够实现实时的远程手术。数字监测则可以帮助科学家更好地了解世界各地的生态系统——如森林、珊瑚礁和冰川——是如何实时变化的，这可以帮助自然资源保护主义者了解如何保护和恢复环境。

不仅是经济活动，数字化对社会发展也产生了广泛影响。数字革命正在改变社会，就像印刷机和蒸汽机引发了人类文明的新时代一样。生活的方方面面都可以由人工智能算法指导，早上选择通勤路线时，导航软件能够让我们的出行路线一目了然，还能实时分析路况、预估出行时间。在城市社区，扫码点餐、刷脸支付给市民带来新体验；智慧停车、通过人脸识别进出小区、垃圾智能分类回收等让我们的日常生活变得更加便利。在威尔士超过三分之一（34%）的人使用数字技术来监测自己的健康状况，包括步数、健身水平、食物摄入量等。我国也建成了全球规模最大的线上教育平台和全国统一的医保信息平台，远程医疗覆盖超过全国 90% 的县区。

在文化领域，用数字技术记录遗址有助于促进更多的预防性保护，特别是濒危和非物质文化遗产。由于城市建设过快、土地开发和资源开采过度、旅游业管理不善、气候变化以及保护不力等多种因素，全世界很多地方的文化遗产都面临风险。在无法保存实体遗址的情况下，数字记录——无论是基于遗址被毁前的细致调查，还是基于事件发生后的计算机生成的“重建”——都可以为子孙后代保存文化记忆。

将数字信息和通信技术引入公共部门组织——“数字政府”或“电子政务”——将对提供公共服务的方式产生有益影响。如果实施得当，电子政务可以降低提供政府和公共服务的成本。在我国，各级政府的“一网通办”“异地可办”已成现实，让我国近 90% 的省级行政许可事项实现了网上受理和“最多跑一次”，平均承诺时限压缩了一半以上。

### 3. 全球数字经济的发展

在 2023 全球数字经济大会上，中国信息通信研究院院长余晓晖发布《全球数字经济白皮书（2023 年）》（以下简称《白皮书》），并对全球数字经济发展的最新态势进行了解读。《白皮书》指出，主要国家的数字经济发展持续提速。总体来看，2022 年，美国、中国、德国、日本、韩国等 5 个世界主要国家的数字经济总量为 31 万亿美元，数字经济占 GDP 比重为 58%，较 2016 年提升约 11 个百分点；数字经济规模同比增长7.6%，高于GDP增速5.4个百分点。产业数字化持续带动5个国家的数字经济发展，占数字经济比重达到86.4%，较2016年提升2.1个百分点。从国别来看，2016—2022年，美国、中国的数字经济持续快速增长，数字经济规模分别增加6.5万亿美元、4.1万亿美元；中国的数字经济年均复合增长14.2%，是同期美、中、德、日、韩5国数字经济总体年均复合增速的1.6倍。德国的产业数字化占数字经济比重连续多年高于美、中、日、韩4国，2022年达到92.1%[①]。

2023年12月，博鳌亚洲论坛在北京发布《亚洲数字经济报告》，全面反映了亚洲数字经济的发展状况，还首次对亚洲主要经济体的数字经济规模进行了测算。据测算，2022年，亚洲14个国家的数字经济规模达到12.8万亿美元。数字经济规模超过1000亿美元的亚洲国家有9个，分别是中国、日本、韩国、印度、沙特阿拉伯、新加坡、印度尼西亚、以色列和马来西亚。其中，中国的数字经济规模遥遥领先，2022年达到7.47万亿美元。电子商务成为亚洲数字化转型重要增长领域，亚洲在线销售额约占全球的60%。中国是全球最大的电子商务市场，在线销售额占全球总额超过50%。亚洲国家在数字经济发展中的另一个特色和优势，是领先全球的电子支付应用。移动支付给人们的日常生活带来了极大便利，出门不用带现金、银行卡，有一个手机就可以买东西、下餐馆、坐地铁。各大平台也为消费者解决了后顾之忧，可以先买后付，先消费再支付，这种模式的发展也非常强劲。亚洲在数字产业化和产业数字化方面还有不少领先之处，亚洲工业机器人市场发展全球领先。有关数据显示，2022年，全球工厂新安装的工业机器人当中，73%在亚洲。中国、日本、韩国分别是亚洲三大工业机器

① 中国信息通信研究院.全球数字经济白皮书,2023.

人市场[①]。

根据世界主要研究机构发布的数字经济发展指数，全球数字竞争力排名综合反映了各国数字化转型的进展现状。瑞士洛桑管理学院（IMD）2023年全球数字竞争力评价中，数字竞争力排名全球首位的是美国，2022年的冠军丹麦排名下滑至第4位。新加坡排名第3位，在亚太国家中排名最高，中国和日本分别排名第19位和第32位。亚太地区中，新加坡、韩国、中国台湾（第9位）和中国香港（第10位）跻身前10位。荷兰排名第2位，较2022年上升4位，瑞士排名第5位，与2022年持平。中国社会科学院金融研究所、国家金融与发展实验室、中国社会科学出版社联合发布的《全球数字经济发展指数报告》，选取数字技术、数字基础设施、数字市场和数字治理四个维度构建全球数字经济发展指数——TIMG指数，衡量2013—2021年全球106个经济体的数字经济发展程度。从总体指数来看，美国、新加坡和英国是TIMG指数排名最高的国家，而中国排名第8。从分项指标来看，美国、芬兰和瑞士的数字技术指数位居全球前3；在数字基础设施指数中，美国、新加坡和中国位列全球前3；在数字市场指数中，美国、中国和英国位列世界前3；在数字治理指数中，新加坡、芬兰和丹麦位列全球前3。总体而言，2021年，中国在数字市场和数字基础设施领域具有显著优势，分别位居全球第2和第3。然而，中国在数字技术和数字治理方面存在一定差距，在全球排名第15位和第41位[②]。

---

① 中国信息通信研究院.亚洲数字经济报告,2023.

② 中国社会科学院金融研究所,国家金融与发展实验室,中国社会科学出版社.全球数字经济发展指数报告,2023.

## （二）全球数字化转型中的教育变局

根据数字未来工作研究中心（Digit）于 2021 年 11 月至 2022 年 6 月进行的一项全国性调查显示（目前正在进行第二波调查），在过去 5 年中，有 36% 的英国企业投资于工业机器人、聊天机器人、智能助理和云计算等人工智能技术。新数据还指出了一个日益严重的技能问题。不到 10% 的企业预计未来几年需要在数字技能培训方面进行投资，75% 的企业发现很难招聘到具备合适技能的人才。近 60% 的企业表示，他们的员工在过去一年中没有接受过正式的数字技能培训。由此可见，各国政府都需要加大对数字基础设施的投资，确保每个人都能从数字时代的新机遇中获利，并且没有人掉队。这不仅包括投资宽带网络和扩大对下一代的数字技术的教育，也包括如何利用新技术引发的变革，采用在线和人工智能工具改进传统教育方法，精心规划为未来建立更好的教育系统，使教育真正实现开放、普及和包容。

### 1. 数字化引发了教育模式的变革

数字技术的引入改变了教育的方式和地点，教师和学生都需要从熟悉的现场教学课程中转移出来，快速适应现场、混合和远程教学与组合模式，要更加强调多样化课堂的需求，学习新的教学模式所需的技术，这对所有学校和教师来说都是一个前所未有的挑战。世界各地的学校和教育机构需要使用现有的技术，研究有效的在线教学方法，教师们通过使用各种工具，包括在线学习平台、录制课程、发布视频、设计互动游戏和任务以及创建视频会议室等去努力适应数字化。

数字技术为我们提供了新的学习方式，包括直播教学和在线活动，实时、灵活地安排学习时间已经成为教师的重要能力。为了适应这一点，校园空间的作用很可能会发生变化。学生既可以利用在校园与教师面对面环境中获取知识，也可以利用社交技术，通过网络、共享和协作进行学习。

虚拟现实、人工智能等新技术将改变我们的教学模式，这些技术将越来越多地用于现代课程。学校可以完全利用数字工具的优势，将自然科学和数学中复杂和抽象内容，例如化合物和几何形状，加以可视化。在健康科学和医学等学科中，与传统媒体或教科书插图相比，人体的三维展示更有助于增强学生的学习体验。例如，在一堂关于心血管系统的课上，教师可以在学生面前展示一颗跳动的心脏，从而引导学生更加直观地了解人体特征，由此创造一种无法通过简单的纸笔甚至虚拟现实进行教学的模式。

英特尔教育策略师佩奇·约翰逊（Paige Johnson）认为这些新的教学模式为学生学习提供了更多的可能性，能够为学生带来以下好处：提高学生的技术素养，为大学和职业生涯做好准备；提高学生的参与度，帮助学生完成任务并提高出勤率；帮助学生及时获得学习资源；更加方便地与世界互联，使用科技设备和应用程序增强学生动手学习的能力；增加了沟通/协作的机会，提升了相应的能力，学生通过各种媒体磨炼沟通技能，并参与协作学习；让不同风格的学生找到吸引自己的信息和新的学习方法，实现差异化学习；学生可以访问外部教育内容，让远程学习成为可能；参与翻转课堂，学生在课外观看教学视频，利用课堂时间练习新概念；提高课堂管理效率，数字工具可以帮助教师分析学生的学习情况，以便他们能够快速调整教学以满足不同学生的需求，并有针对性地给不同的学生布置家庭作业、评估和评分。

下一步，随着教育数字化转型，我们需要在不同的教学模式之间找到一个良好的平衡，由每一位教师来调整他们的教学以适应课程和学生。因此，今后可能会看到各种形式的所谓“混合学习”的发展。当然，我们还需要考虑各地方、各学校的实际需求来匹配合适的数字化教学平台，因为对数字化教学平台的需求可能会随着新的教学形式而改变。重要的是，所有的教育数字化转型，各种教学模式、手段、方法、工具等的应用发展都要基于这些新的数字教育平台对学生学习起到了实实在在的促进作用。

### 2. 数字化引发了教育方法的变革

2023 年 8 月底，毕马威会计师事务所公布了一项针对 5141 名加拿大成年学生的调查，其中略高于一半（52%）的学生承认在作业中使用了生成型人工智能，即使在参加考试时也是如此。学生使用 ChatGPT 等工具会带来某些道德挑战，需要我们找到促进学术诚信的评估方法。但数字技术正在让教学发生迅速变化，例如人工智能技术，为知识生成和创意创造提供了一个全新的机会，能够改进教学实践。教育领域通过拥抱新技术，在教育的各个层面上学习和使用人工智能等新技术将补充教学，也可以简化教学人员的工作。

在教育方法的变革上，一些研究表明，数字化教学可以提高学习满意度、增加知识的获取，甚至提高成本效益。瑞典在 2020—2021 学年进行了持续的评估，跟进教师和学生对数字远程学习的体验。结果表明，大多数学生都对数字化转型有着良好的体验。许多人对远程学习感到满意，因为他们可以在录音、讲座和课程回放的帮助下复习课程，也有少数人认为远程学习让他们错过了与老师的互动。

华威大学的研究人员表示，虚拟现实在补充或取代传统学习方法和创造新体验方面显示出巨大潜力。与教科书的学习和视频相比，虚拟现实（VR）是最具吸引力和情感积极的学习方法。研究人员将 3 组学生分配到 3 种不同类型的学习方法中：完全沉浸式 VR 环境、传统教科书或视频。他们都学习了同一门学科（生物学），并测量了他们的学习反应、情绪反应和学习经历。体验过 VR 学习方法的人的积极情绪评分更高，其次是课本，然后是视频学习。VR 学生的表现也优于通过视频学习的学生，这表明与 VR 环境的积极互动有助于改善学习效果。这项研究表明，虚拟现实可以改变课堂教学，也可以在课堂内外复制或补充传统的学习方法，提高学生的课堂参与度，给学生更积极的学习体验。

随着人工智能逐渐进入教育行业，南澳大学的专家鼓励教师积极使用这些尖端工具，以保持其职业竞争优势。国际人工智能（AI）和教育专家乔治·西蒙斯（George Siemens）教授表示，生成型人工智能将为教师创造机会。教育部门必须对新技术变革持开放态度，与其回避或禁止它们，不如让教师探索和实验它们，这样既可以减少教师的课程准备时间，也可以促进学生的个性化学习体验。从广义上讲，ChatGPT 可以通过创建虚拟导师、提供个性化学习以及提高教师和学生的人工智能素养来彻底改变教育。

香港教育大学杨伟鹏博士的研究表明，ChatGPT 既可以为学生提供更个性化和互动的学习体验，以满足他们的个人需求，也可以改进教学模式、评估系统，使教育过程变得更加愉快。此外，它还可以通过回答学生的问题来帮助教师节省时间和精力，鼓励教师更多地反思教育内容，并提供有用的教学建议。

蒙特利尔大学普达戈吉大学中心的学术顾问格雷戈瓦·阿利博（Grégoire Aribaut）认为，虽然教师们热衷于使用人工智能，但这项技术更有可能为他们的工作方式带来转变，而不是全面的革命。他认为有两种工具将推动这一转变：内容生成人工智能，如 OpenAI 的 ChatGPT 和预测性人工智能。这两种技术都不能取代一个人的独特个性或他们在课堂上的身体表现，但都有可能让想要探索和使用新方法的教学人员更容易进行探索。

内容生成 AI 可用于教学和评估。它通过提高教师提供的内容的质量和增强学习体验来节省教师大量的时间。生成型人工智能可以创建文本、图像和其他材料，旨在帮助学生实现学习目标。它还可以用于准备课程计划、详细的学习场景和其他课程内容，如总结、快速参考、演示、对话或教育视频的旁白，以及在人工智能出现之前，教职员工根本没有时间制作的内容,如报告和虚构的案例研究。生成型人工智能还使教师更容易创建适合学生个人资料、偏好和表现的定制程序。他们还可以使用该工具来开发或改进个性化、适应性强的教育工具。

在评估方面，ChatGPT 可以用来加快评估速度和提高评估质量。例如，它可以提出问题、陈述和反馈，或者根据研究数字学习环境中提供的教育技术选项所支持的课程内容创建案例研究。这些选项现在可以通过测验轻松创建自定义的、自动化的反馈。生成型人工智能还能通过检查拼写和语法、建议如何改写句子或使用各种可能的方法创建自定义反馈来分析学生提交的作业，从而简化老师批改作业的任务。但重要的是，没有一种工具可以独自完成所有任务，人类干预仍然发挥着重要作用。

预测人工智能工具可被用来创建一个仪表板，根据每个学生与数字学习环境互动产生的数据显示他们所学的内容。这些互动包括参加测验、提交作品，甚至只是阅读内容。这些丰富的数据可以帮助教学人员更好地满足学生的需求。

简而言之，人工智能可以创建创新的、定制的内容，同时使教师能够根据学生的情况定制教学方法。它还能收集和分析互动中的数据，以便教师能够实时调整教学方式。最后，它可以减轻教育设计的负担，这样教师就可以专注于领导课堂、监督进度和与学生互动。

### 3. 数字化引发了教育工具的变革

与移动应用程序和在线学习平台一样，数字技术正在成为世界各地越来越重要的教学工具。教育技术包括课程计划示例、任务、游戏和测试的教学支持平台，以及基于人工智能技术的个性化学习工具，这些都能帮助学生学习数学、识字和其他学校科目。数字技术可以将信息和数字资源带到偏远的农村和资源不足的学校。据估计，全球教育技术的市场价值约 3000 亿美元（2.1 万亿人民币）。预计到 2025 年,全球将有超过 10 亿学生使用教育技术。谷歌和微软是主要参与者，但中国、印度和欧盟也越来越多地推动了这方面的投资。截至 2019 年，澳大利亚教师估计使用了 250 种不同类型的教育技术，其中一些教育技术工具正在取得积极成果。美国的独立网站也在帮助学校和家庭寻找高质量的学习资源（包括数字工具）。例如，EdReports 帮助教师评估课程材料。

虽然越来越多的研究表明，高质量的教育技术可以成为提高学生成绩的有力工具，尤其是对于面临教育资源劣势的学生来说。但在教育工具的变革上，依然存在很大的争议。从教育工具本身来说，当这些数字化的工具在基于行之有效的教学技术时，会产生最佳效果，而设计不当的工具也会破坏教育效果。从使用角度来看，并不是所有的教育技术工具都能很好地发挥作用，这在很大程度上取决于学校如何使用它们。

赞成的人认为，新冠疫情期间，在线学习之所以如此成功，除了教师的巨大努力和学生的配合，数字解决方案的可用性，如各类数字化学习平台同样扮演着非常重要的角色。即使在新冠疫情之前，学校就普遍开始在各学科的教学中使用数字工具，通过使用更多的数字辅助工具共同应对了困难，这是我们在新冠疫情期间能够很好地应对转型的原因之一。慕尼黑工业大学国际学生评估中心（ZIB）自 2000 年以来对全球数字教育的 92 项研究进行了评估。在使用数字教学工具的课堂上，学生的表现要好于传统教学课堂学生的表现，学生对许多科目，比如数学、生物、化学和物理的学习更有动力。如今，大多数教学都恢复了传统的校园教学形式，每位教师都可以选择最适合的课程教学形式。

与此同时，一方面，许多教育元素不适合远程学习，使用数字远程工具进行技能培训和实验室工作更加困难。另一方面，很多教育界人士认为小学和中学阶段的学习，不应该过度使用技术。例如，联合国教科文组织建议学校不要过度使用技术，称这会对学习产生负面影响。联合国教科文组织的研究人员观察到，禁止在教室里使用智能手机的趋势越来越明显，四分之一的国家通过了这方面的法律法规，包括荷兰等自由主义国家，也规定学校禁止使用智能手机，他们认为在教室使用手机会让学生分心。2023 年 8 月，圣保罗州政府决定在高中用电子书取代教科书，这在巴西引发了一场争论，巴西教育专家和出版商警告称，此举可能会产生负面后果。作为该州政府教育改革的一部分，从明年开始，作为巴西人口最多的州，圣保罗州将有 5300 所学校的 14 岁及以上的学生在数字媒体上学习，文学课除外。

虽然反对的声音强烈，但研究人员正在努力开发新的产品和工具，促进教育的数字化转型。例如，约翰斯 · 霍普金斯大学的两名研究课堂压力、学生和教师情绪健康的研究人员发布了一款应用程序，教师可以每天报告学生的感受。尽管该工具不是为新冠疫情而创建的，但在新冠疫情期间，尤其是在远程教学的情况下，它肯定派上了用场。2021 年，这款基于手机和平板电脑的应用程序 WellChek 在大约 20 所基础教育阶段学校使用，包括马里兰州、宾夕法尼亚州、俄亥俄州、得克萨斯州、新泽西州的学校，以及马德里和智利等地的多所学校。每天，学生们都会在应用程序上记录自己的感受，在“乐观”“紧张”“沮丧”“专注”和“愤怒”等表情符号中进行选择。学生们还可以记录自己的表现，评分范围为 1 到 10。老师们会收到每个学生和整个课堂的报告，然后可以根据课堂的情感需求进行调整，为老师和学生之间提供了一个增进相互了解的平台。

在加拿大，一些医学院的学生与意大利的设计工程专业的学生合作开设虚拟课堂。在人工智能技术的支持下，学生们登录到一个虚拟急诊室进行在线模拟，通过在场景中的在线合作，让他们在虚拟学习中看到创新的可能。这种学习基于平等、无障碍、多样性、包容性和协作等设计原则，能够解决实际问题。

在澳大利亚，高中生首次试用 ChatGPT 风格的应用程序，南澳大利亚州政府宣布在 8 所公立高中试行人工智能技术。"Edchat" 是一款类似于 ChatGPT 但专为教育用途设计的人工智能聊天机器人，由该州教育部门和微软公司联合开发。为期 8 周的试验将探索使用人工智能如何支持学生学习，并了解这些新技术的好处和风险。之后，政府将决定是否在其他学校采用该工具。Edchat 是专门为教育用途设计的,虽然 ChatGPT 或 Google Bard 会简单地回答学生的问题，但 Edchat 不一定会以这种方式回应。相反，它会提供一个适当的提示或建议，或者会问学生一个相反的问题，就像一个好的导师会支持他们的学生一样。EdChat 将为学生提供全天候服务，为他们提供课堂内外的支持。由于 Edchat 是由政府提供的，其使用的数据将可供进一步检查。因此，学校有可能了解学生如何与人工智能工具互动，他们问什么问题，他们在何时何地使用该系统，等等。这一试验引起了人们的广泛关注，并将受到其他政府的密切关注，一些国家的政府部门也在努力解决有关在学校使用人工智能的类似问题。目前的关键问题是，人工智能对学生的学习到底是正面影响还是负面影响。

## （三）全球教育数字化转型中的挑战

### 1. 全球数字化基础设施存在不平等

尽管世界已经变得高度互联，互联网普及率每年都在持续增加，但在全球范围内，由于通信基础设施有限、家庭接入率低以及移动服务不完善等原因，民众使用数字技术仍然极具挑战性。根据联合国教科文组织统计研究所和另一个联合国机构国际电信联盟的数据，全球大约 8.26 亿学生没有家用电脑，7.06 亿学生在“远程学习”时没有互联网。约 5600 万学生——其中近一半在撒哈拉以南非洲——生活在没有移动网络的地方。

在很多发展中国家，宽带接入成本甚至更高：在尼泊尔、菲律宾、塞内加尔和坦桑尼亚，1000Mbps 的移动宽带成本分别占平均月收入的 9.1%、3.8%、10.2% 和 8.7%。在东南亚，与许多其他发展中地区一样，很大一部分人口无法使用互联网和电子设备。该地区只有 3 个国家的互联网渗透率超过 80%，其中新加坡在统计数据中遥遥领先，其次是文莱和马来西亚。该地区人口最多的国家印度尼西亚只有 56% 的人口可以上网，也就是说在其 2.68 亿人口中，只有 1.5 亿人可以上网。泰国、缅甸和越南的互联网渗透率也不到 60%，2019 年分别为 57%、39% 和 38%。当谈到在线课程时，作为一个发展中地区，在东南亚，许多学生来自经济贫困家庭。他们只能在学校提供的计算机实验室里使用电脑，许多人无法在移动设备上访问互联网，印度尼西亚的大多数中小学没有上网的资源和基础设施，这种差异将影响学生接受教育的机会。

发达国家在访问互联网方面的数字差距很小，但也存在不同的社会阶层，因其经济地位不同而无法使用互联网的情况。根据 2023 年 9 月澳大利亚发布的《绘制数字鸿沟：2023 年成果报告》，在澳大利亚 1545 个原住民社区和家园中，约 43% 没有移动服务。大约 87% 的澳大利亚人可以在家上网，但生活在弱势社区的5~14岁的澳大利亚儿童中，只有68%的人可以在家里上网，而在生活在优势社区的学生中，这一比例为91%。澳大利亚教育中的不平等现象正在加剧，根据经合组织和联合国儿童基金会的说法，学校教育没有公平对待澳大利亚儿童。在法国，更令人担忧的是，许多家庭，尤其是贫困社区，完全缺乏计算机设备，有些家庭既没有电脑，也没有打印机。在最发达的美国也存在这一情况，根据美联社对人口普查数据的分析，在南卡罗来纳州费尔菲尔德县，51%的家庭没有接入宽带互联网。在全国范围内，估计有18%的美国学生无法在家使用宽带互联网。根据罗格斯大学的一项研究，在新冠肺炎大流行期间，新泽西州远程教学加剧了学生和教师的压力，与中等收入和富裕地区的学生相比，由于设备短缺，低收入学区的学生在在线教学和学习机会方面落后很多，学生缺勤率在30%~50%。在芝加哥，90%的白人居民拥有宽带接入，这一水平远高于黑人和西班牙裔居民，后者的接入率分别为78%和79%。波塔瓦托米族部落居住在堪萨斯州的一个县，该县40%以上的人口无法使用高速互联网，这直接限制了学生获得足够教育的机会，导致许多学生难以完成学业。

数字技术在改善我们获得教育的方式方面有很大的前景。然而，我们必须确保有适当的基础设施来发挥作用，就像桥梁和道路等公共事业一样，要把缩小数字鸿沟当作一件重要的社会问题加以关注，还必须支持数字扫盲，并努力让更多的人能负担起采用数字技术的费用。如果我们不能确保人们能够获得新技术，那么光有新技术也无法解决教育不平等的问题。

### 2. 教师数字化教学培训不足

新冠疫情在一定程度上促进了教育的急剧变革。学校的关闭促使教育工作者重新审视自己的教学习惯，并考虑教育技术的重要性。尽管有些地区依然缺乏数字技术的基础设施，但全球的教育技术使用量激增。新技术和新冠疫情给教育界带来的诸多变化之一是很多学校几乎立即转向在线学习。其实在线学习并不是什么新鲜事，1994 年，总部位于加拿大的阿萨巴斯卡大学是加拿大领先的在线大学之一，该学校在 28 年前就开创了世界上第一个在线 MBA、护理学硕士和教育学硕士课程。但对于全世界的几乎所有学校来说，在线教育的经验并不丰富，新冠疫情暴发时，很多教师甚至是有史以来第一次进行线上教学。

在西方世界，尽管有一些培训机构提供在线课程，但直到 2019 年，大规模在线课程的完成率也很低，在线教学对教师来说并不是一项简单的任务。英国安格利亚鲁斯金大学的研究显示，在新冠疫情之前，全英国只有不到五分之一的小学教师接受过在线教育培训，他们对英国各地近 300 名小学教师的调查发现，在接受调查的人中，只有 17.7% 的人在新冠疫情开始前接受过使用数字技术支持儿童远程学习的培训。自新冠疫情开始以来，有 18.5% 的人接受过培训，63.8% 的人没有接受过任何此类培训。

美国华盛顿教育协会（Washington Education Association）的一项针对 1500 名华盛顿州教师的民意调查显示，79% 的教师希望获得更多的专业发展或培训，23% 的教师表示，他们需要大量的在线教学培训。俄勒冈州波特兰市的公立学校依靠内部学习和技术团队的支持，在开学前 2 周留出部分时间进行培训。在纽约西部，来自 27 个地区的 500 多名教师参加了在线课程培训。得克萨斯州为 8000 名校长提供了如何指导教师转向远程或混合学习的培训。

在加拿大，教育项目使用数字工具进行教学，但其重点是面对面的课堂教学。学校开发的教学方法范围广泛，从自制和互动视频到户外学习教学。但即使准备充分、经验丰富的教师，也还是缺乏数字技术培训，对于如何寻找在线教学的技能和方法，同时创造有意义的数字参与和学习策略应对不足。

在南非，教师的平均年龄 43 岁，教师队伍老龄化而且普遍存在技术恐惧症，数字能力强的教师非常稀缺。新冠疫情之前，该国许多教师没有接受过实质性的正式技术培训，既没有支持混合教学的能力，也没有充分应用在线学习。由于之前几乎没有经验，南非的教师不得不适应在线学习平台，同时学习如何在新冠疫情期间使用学习管理系统。根据南非一项历时 3 年的针对教师的调查发现，很多教师对在课堂上使用技术没有信心，他们希望接受培训，将数字技术融入教学。

### 3. 数字教育工具存在网络风险和隐私安全问题

据美国心理协会发表的研究表明，近年来，只有不到 20% 的美国青少年表示每天阅读书籍、杂志或报纸，而超过 80% 的青少年表示他们每天都在使用社交媒体。与前几代人相比，21 世纪 10 年代的青少年上网的时间更多，接触书籍、杂志和电视等传统媒体的时间更少，花在数字媒体上的时间已经取代了曾经用来看书或看电视的时间。由此带来一个新的问题就是，当大多数学生沉浸在与数字技术相关的各种网络行为中时，教师保护学生的在线行为（安全、法律风险和隐私）以及监督课堂行为就成了对他们的额外要求。韩国成均馆大学和新加坡南洋理工大学的一个联合项目，研究了 30 个国家的 14.5 万多名儿童和青少年对网络的反应，发现 60% 的儿童和青少年面临网络欺凌、游戏障碍和暴力等网络风险，这是一个需要全球解决的普遍问题。

另外，数据安全和学生隐私越来越受到关注，课堂教学软件和家长为学生购买的学习 App 都需要建立选择标准。数字经济的一个核心就是我们与人工智能和机器学习算法的互动。但我们大多数人都不希望人工智能技术监控我们的生活方式、消费和财务状况。教育技术工具也存在重大风险，尤其是在使用该技术时收集的学生和教师数据的隐私和营销方面。如果该工具背后是由自主人工智能主导的，那么这样的风险就会增加。一些免费的学习软件，随着数据的收集，提供商会从用户那里获得有价值的数据，并通过应用程序获得与父母和孩子的直接营销渠道。

例如，欧美儿童正在使用的学习 App——Prodigy，该程序结合了数学和角色扮演游戏，使数学学习变得更加有趣，互动性更强，从而提升孩子的数学技能。但总部位于美国的非营利组织 Fairplay 在 2021 年对该平台进行了投诉，并呼吁学校拒绝使用 Prodigy，Fairplay 指出该平台在短短 19 分钟的“学习”中，有 16 个会员广告，数学题却只有四道。

2023 年 6 月，美国联邦贸易委员会（FTC）对亚马逊旗下的 Alexa 语音助手和 Ring（智能门铃）安全摄像头的一系列隐私问题累计罚款 3080 万美元。其中，包括对违反儿童隐私法的 2500 万美元的罚款，因为他们永久保存了 Alexa 的语音记录，并阻止父母进行删除。在法院的判决中，这家零售巨头被要求删除收集的信息，包括并不活跃的儿童账户、地理位置数据和语音记录，并禁止在未来继续收集这些数据来训练其算法。

### 4. 数字教育技术应用还存在障碍

随着人工智能的出现，我们的教育系统面临的挑战之一是在代代相传的悠久的教育实践和人工智能在教育领域释放的新机遇之间找到平衡，需要更清楚地了解人工智能彻底改变教育体验的力量。2021—2027 年欧洲数字行动计划预计，许多国家迫切需要促进高绩效数字教育生态系统的发展。英国教育大臣达米安 · 欣兹（Damian Hinds）希望更多的教师利用现有的小工具和软件，让学生能够进行“虚拟旅行”或“控制机器人”。欣兹认为，要正确看待技术改变教学的潜力。智能手机和平板电脑上提供的高质量教育应用程序确实有助于提高学生的成绩，并为他们提供独特的学习体验。但是如果不解决某些问题，我们就有可能造就一代对数字未来准备不足的学生。

世界各地的教育工作者正在尝试将新的技术引入课堂，但现实情况是，并非所有教师都“相信”使用新技术，很多教师仍然不愿意或怀疑基于数字技术的学习方法。我们根据过去的研究可以了解新技术走进校园的情况，在当时也引发了不同人群对此的担忧，例如，20 世纪 70 年代，有人质疑电子计算器可能对孩子的数学能力产生影响。20 世纪 90 年代，美国也有研究探讨了文字处理器可能对儿童识字率产生的影响，但从实际情况看，学生在电脑上写作更具协作性，更专注于任务。如今，如果说学生在完成家庭作业或课程学习中不能使用计算器、电脑或搜索引擎，那就太荒谬了。

但对于人工智能等新技术在教育中的应用，怀疑依然存在，甚至也存在着强烈的反对意见。一些专家认为这会降低学生的写作和批判性思考能力。阿尔伯塔大学的一位教育研究人员表示，法国最近决定通过一项法律，禁止 15 岁以下儿童在学校使用手机、平板电脑和智能手表。2023 年，法国顶尖大学巴黎政治学院禁止学生使用 ChatGPT，以防止欺诈和剽窃，对学生使用该软件的处罚可能会严重到被学校开除，甚至被整个法国高等教育体系开除。2024 年底，聊天机器人发布后，美国各地的学区都发出了警报。ChatGPT 能够在几秒钟内大量生成内容，被许多人视为学生的终极作弊代码，一些人认为这是对原创写作的致命一击。据美国媒体报道，ChatGPT 已经在纽约市和西雅图的一些公立学校被禁止。例如，纽约市教育部门已经采取措施阻止 ChatGPT 等人工智能应用程序进入学校设备和网络。纽约市教育部门表示，由于担心对学生学习的负面影响，以及“对内容安全性和准确性的担忧”，将限制学生使用学校网络和设备访问 ChatGPT。但无法阻止学生通过家里的个人电话或电脑访问 ChatGPT。美国最大的学区决定限制学校设备和网络登录 ChatGPT 网站，这可能会对其他学校产生连锁反应，教师们也在想办法防止作弊。

此外，教育环境应注重公平，尤其是在使用数字技术进行教学的决策时。值得注意的是，在教育数字化转型过程中，无论是用于教学还是家长与教师沟通的软件，都不应该有分层的产品，因为有经济能力的用户可以使用具有附加功能的更好版本的软件。因此，人工智能技术用于教育目的引发了许多担忧，包括成本、道德和安全问题。教育应用程序需要在硬件、软件、维护和支持方面进行大量投资，这对许多教育机构来说可能负担不起，这会加剧学生间的数字鸿沟。

ChatGPT 和其他教育人工智能仍然是新兴技术，虽然它们是有价值的工具，可以提高学生的积极性和参与度，增强他们的信心，释放他们的创造潜力。但没有一种技术解决方案适用于每一位教师、每一门课程或每一种教学观点，对许多教师来说，将技术融入课堂是一个复杂而多样的过程。教师了解它们在教育中的有效性需要进一步研究，还需要对在不同教育环境下使用人工智能进行更多的背景研究，应该深入探讨教育性人工智能的伦理和社会影响，应该有监督教育人工智能使用的政策和法规，以确保所有学生都能负责任、公正和平等地获得技术。学校希望看到生成人工智能工具最终融入主流学习，与搜索引擎、电脑和计算器一样，同时也不能忽视它们的快速发展，要拥抱和适应这些变化。

### 5. 教育数字化转型存在学术诚信的挑战

随着我们的社会进入数字技术时代，学校在如何解决学术诚信问题上已经进入了一个新阶段。ChatGPT 在这方面并不是唯一的，谷歌、Meta 和 Anthropic 也发布了类似的模型，而 OpenAI 本身最近也发布了 GPT-4。人工智能聊天机器人可以生成文章和编写计算机代码，自 2024

年底向公众发布测试以来，就在整个教育界掀起了轩然大波，它引发了人们对学生使用该技术完成家庭作业的担忧，并导致一些公立中学禁止使用它，大学教授也改变了他们的课程安排。这个免费工具已经对人工智能在教育、科技行业和许多职业中的未来提出了严峻的问题。

目前，我们的教育系统中，对于中小学和大学的评估大多基于学生提供的一些学习成果，通常是论文或书面作业。有了人工智能模型后，这些“产品”可以在更短的时间内以更高的标准生产出来，而学生只需付出很少的努力。如果学生使用模型来帮助他们写论文和做家庭作业，他们就学不到太多东西，因为提供的论文或作业不再是他们取得课程成绩的真实反映，这确实让人担忧，而且这不仅仅是对学生学习成果评价的问题。2023 年 2 月份发表的一项研究表明，OpenAI 的 GPT3 语言模型在编程入门课程中的表现明显优于大多数学生，这对“入门编程的教学提出了一个新的生存威胁”。教师们亟须思考如何利用人工智能来支持教学。

研究学术诚信的专家莎拉·伊莱恩·伊顿（Sarah Elaine Eaton）说，利用人工智能技术作弊的情况可能被低估了，她估计，在加拿大大学，每年有 70000 名学生购买作弊服务。澳大利亚的一些大学表示，他们将改变考试形式，禁用人工智能工具，因为只要使用了人工智能工具就直接被判定为作弊。最近一项尚未经过同行评审的研究发现，使用 ChatGPT 生成的 50 篇论文形成了复杂的文本，能够避开传统的剽窃检查软件。ChatGPT 在推出仅两个月后的 1 月份就达到了约 1 亿的月活跃用户，难怪一些人认为 ChatGPT 等人工智能应用程序必将推动当代学校教育的巨大变革。

不过，OpenAI 推出的 ChatGPT 将如何影响义务教育和高等教育环境中的作弊行为尚不清楚。一些人认为，如果应用程序被正确引用，教育工作者应该将人工智能视为一种有价值的技术工具。其他人则认为，教育工作者需要更多的资源和培训，这样他们才能更好地揪出作弊的例子。尽管许多人担心这些先进的人工智能技术正在迎来一个抄袭和作弊的新时代，但这些技术也为教育工作者提供了重新思考和评估实践的机会，让学生参与更深入、更有意义的学习，教学生如何理解这些工具，并以适当、创造性的方式使用它们。

# 二、“数字中国”背景下我国教育数字化政策导向

党的十八大以来，以习近平同志为核心的党中央统筹推进数字中国建设，作出了一系列战略部署。建设数字中国是数字时代推进中国式现代化的重要引擎，是构筑国家竞争新优势的有力支撑。加快建设数字中国，推进教育数字化是重要内容。党的二十大报告对办好人民满意的教育作出了重要部署，强调要“推进教育数字化”。习近平总书记在主持中共中央政治局第五次集体学习时指出：“教育数字化是我国开辟教育发展新赛道和塑造教育发展新优势的重要突破口。”习近平总书记的重要论述，深刻揭示了教育数字化的关键作用，深入研究中国教育数字化转型的进展和过程中面临的挑战是现实需要，也是深入推进数字中国发展战略的重要途径。

## （一）我国教育数字化转型的政策概述

### 1. 我国推进“数字中国”建设的主要政策

我国对数字经济的顶层设计始于 2014 年，“大数据”被首次写入政府工作报告。在 2015 年第二届世界互联网大会开幕式上，习近平总书记首次提出“数字中国”这一概念——“中国正在实施‘互联网 +’行动计划，推进‘数字中国’建设。”同年，党的十八届五中全会首次

提出“国家大数据战略”。

**表 2-1 我国数字经济主要政策**

| 发布时间 | 发布机构 | 政策名称 |
| --- | --- | --- |
| 2018 年 3 月 | 中央网络安全和信息化委员会办公室；中国证券监督管理委员会 | 《关于推动资本市场服务网络强国建设的指导意见》 |
| 2018 年 12 月 | 工业和信息化部 | 《关于加快推进虚拟现实产业发展的指导意见》 |
| 2019 年 11 月 | 中共中央、国务院 | 《关于推进贸易高质量发展的指导意见》 |
| 2019 年 11 月 | 国家发展改革委、中央网信办 | 《国家数字经济创新发展试验区实施方案》 |
| 2020 年 3 月 | 中共中央、国务院 | 《关于构建更加完善的要素市场化配置体制机制的意见》 |
| 2020 年 7 月 | 国家发展改革委；中央网信办；工业和信息化部等十三部门 | 《关于支持新业态新模式健康发展 激活消费市场带动扩大就业的意见》 |
| 2020 年 10 月 | 中共中央 | 《关于制定国民经济和社会发展第十四个五年规划和二〇三五年远景目标的建议》 |
| 2020 年 12 月 | 国家发展改革委；中央网信办；工业和信息化部；国家能源局 | 《关于加快构建全国一体化大数据中心协同创新体系的指导意见》 |
| 2021 年 3 月 | 十三届全国人大四次会议 | 《中华人民共和国国民经济和社会发展第十四个五年规划和二〇三五远景目标纲要》 |
| 2022 年 1 月 | 国务院 | 《“十四五”数字经济发展规划》 |
| 2022 年 12 月 | 中共中央、国务院 | 《关于构建数据基础制度更好发挥数据要素作用的意见》 |
| 2023 年 2 月 | 中共中央、国务院 | 《数字中国建设整体布局规划》 |

2017 年以来，国家领导人指出“信息化为中华民族带来了千载难逢的机遇，必须敏锐抓住信息化发展的历史机遇”，并在多个场合讲话中强调，“加快建设数字中国”“构建以数据为关键要素的数字经济”。2017 年 10 月，习近平总书记在党的十九大报告中明确提出建设网络强

国、数字中国、智慧社会，“数字中国”被首次写入党和国家纲领性文件。两个月后，在十九届中央政治局第二次集体学习上，习近平总书记强调要加快建设数字中国，构建以数据为关键要素的数字经济，推动实体经济和数字经济融合发展。

2018年，习近平总书记向首届数字中国建设峰会致贺信，深刻阐明数字中国建设的重大意义。提出加快数字中国建设，就是要适应我国发展新的历史方位，全面贯彻新发展理念，以信息化培育新动能，用新动能推动新发展，以新发展创造新辉煌。

2019年，新华社受权发布了《中共中央关于坚持和完善中国特色社会主义制度 推进国家治理体系和治理能力现代化若干重大问题的决定（2019年10月31日中国共产党第十九届中央委员会第四次全体会议通过）》（以下简称《决定》）。《决定》提出“健全劳动、资本、土地、知识、技术、管理、数据等生产要素由市场评价贡献、按贡献决定报酬的机制”。将数据作为生产要素参与分配的提法更是历史首次，标志着我国正式进入“数字经济”红利大规模释放的时代，“数据”作为生产要素，已经从投入阶段发展到产出和分配阶段。

2020年，中共中央、国务院印发《关于构建更加完善的要素市场化配置体制机制的意见》。该文件将数据与土地、劳动力、资本、技术等相并列，提出要加快培育数据要素市场。

2021年，政府工作报告中明确指出，加快数字化发展，打造数字经济新优势，协同推进数字产业化和产业数字化转型，加快数字社会建设步伐，提高数字政府建设水平，营造良好数字生态，建设数字中国。

2022年12月，中共中央、国务院印发《关于构建数据基础制度更好发挥数据要素作用的意见》。该文件从数据产权、流通交易、收益分配、安全治理等四方面系统性构建数据基础制度体系的“四梁八柱”，绘制了数据要素发展的长远蓝图。

2023年2月，中共中央、国务院印发《数字中国建设整体布局规划》(以下简称《规划》)，自此，我国数字中国建设有了具有里程碑意义的顶层设计和整体谋划。《规划》明确，数字中国建设按照“2522”的整体框架进行布局，即夯实数字基础设施和数据资源体系“两大基础”，推进数字技术与经济、政治、文化、社会、生态文明建设“五位一体”深度融合，强化数字技术创新体系和数字安全屏障“两大能力”，优化数字化发展国内国际“两个环境”。

### 2. 我国教育数字化相关政策

习近平总书记提出，教育数字化是我国开辟教育发展新赛道和塑造教育发展新优势的重要突破口，要进一步推进数字教育，为个性化学习、终身学习、扩大优质教育资源覆盖面和教育现代化提供有效支撑。教育部在2022年全国教育工作会议上提出实施“国家教育数字化战略行动”。中共中央、国务院、教育部等制定并颁布了一系列教育数字化转型的相关意见和通知，作为“数字中国战略”的一部分，深入推进国家教育数字化战略行动。

**表 2-2　我国教育数字化相关政策**

| 发布时间 | 发布机构 | 政策名称 |
| --- | --- | --- |
| 2021年7月 | 教育部；中央网信办；国家发展改革委；工业和信息化部；财政部；中国人民银行 | 《关于推进教育新型基础设施建设构建高质量教育支撑体系的指导意见》 |
| 2021年8月 | 教育部 | 《关于同意将上海作为教育数字化转型试点区的函》 |
| 2021年9月 | 教育部 | 《关于实施第二批人工智能助推教师队伍建设行动试点工作的通知》 |
| 2022年3月 | 教育部；中央网信办；工业和信息化部；公安部；市场监管总局 | 《关于加强普通高等学校在线开放课程教学管理的若干意见》 |

续表

| 发布时间 | 发布机构 | 政策名称 |
| --- | --- | --- |
| 2022 年 4 月 | 教育部；中央宣传部；中央编办；国家发展改革委；财政部；人力资源和社会保障部；住房和城乡建设部；国家乡村振兴局 | 《新时代基础教育强师计划》 |
| 2022 年 7 月 | 教育部 | 《国家智慧教育公共服务平台接入管理规范（试行）》 |
| 2022 年 11 月 | 教育部 | 《关于举办 2022 年全民终身学习活动周的通知》 |
| 2022 年 11 月 | 教育部 | 《关于开展信息技术支撑学生综合素质评价试点工作的通知》 |
| 2022 年 12 月 | 教育部 | 教育部发布《教育基础数据》《教育系统人员基础数据》《中小学基础数据》等三项教育行业标准 |
| 2022 年 12 月 | 教育部 | 教育部发布《数字教育资源基础分类代码》教育行业标准的通知 |
| 2022 年 12 月 | 教育部 | 教育部发布《智慧教育平台 基本功能要求》和《智慧教育平台 数字教育资源技术要求》两项教育行业标准 |
| 2022 年 12 月 | 教育部 | 教育部发布《教师数字素养》教育行业标准 |
| 2022 年 12 月 | 教育部 | 教育部发布《直播类在线教学平台安全保障要求》教育行业标准的通知 |
| 2023 年 5 月 | 教育部 | 《基础教育课程教学改革深化行动方案》 |
| 2023 年 5 月 | 教育部等十八部门 | 《关于加强新时代中小学科学教育工作的意见》 |
| 2023 年 8 月 | 教育部；国家发展改革委；财政部 | 《关于实施新时代基础教育扩优提质行动计划的意见》 |

### 3. 我国教育数字化政策分析

从政策导向看，国家层面发布的教育数字化政策共计 19 项，政策主要以意见、通知等文种形式出现，占比超过 50%。此类政策更多是起到引导性作用，从而鼓励各地方在教育数字化方面进行开拓创新。

从政策数量看，2022 年是中国教育数字化元年，这一年发布的政策有 10 项，占政策总数的 50%。从发文单位看，教育部单独发文的 14 项，占政策总数的 70%，联合发文的占 30%。

从政策范围看，覆盖了基础教育、高等教育、职业教育等各级各类教育，尤其对基础教育领域尤为重视。政策涵盖了以制定发展计划为主要内容的行动计划，以及说明工作具体实施操作的“措施”行动方案等政策。

从政策类别看，涉及教育治理、资源平台、教师培养、数据管理等领域，覆盖了教育数字化转型的核心关键要素。说明当前的政策从各个角度和领域以不同的方式对教育数字化产生影响。

需要特别指出的是，我国教育数字化转型在数据治理方面，最大的特点是标准先行。2022 年我国围绕平台、数据、资源、素养四个方面出台了《教育基础数据》《教育系统人员基础数据》《中小学校基础数据》等 8 项教育行业标准。研制数字教育领域相关标准规范，将加快教育数字化转型和智能升级，进而有力推动教育现代化发展。

## （二）我国教育数字化政策重点内容

从政策文本分析，可以发现目前的教育数字化主要集中在以下方面。

### 1. 推动全国中小学教师提升信息技术应用能力

自 2018 年 1 月起，中共中央、国务院已经就全面深化新时代教师队伍建设改革提出了意见，教育部先后出台了 3 项政策。从“教师主动适应信息化、人工智能等新技术变革，积极有效开展教育教学”，到 2018 年 4 月，教育部启动实施教育信息化 2.0 行动计划，提出大力提升教师信息素养，以及2019年教育部发布《关于实施全国中小学教师信息技术应用能力提升工程2.0的意见》，着力推动全国中小学教师（含幼儿园、普通中小学、中等职业学校）提升信息技术应用能力。能力提升工程2.0突出以学校信息化教育教学改革发展引领教师信息技术应用能力的培训。

从2021年9月开始，教育部发布政策推动人工智能等新技术助推教师队伍建设。《关于实施第二批人工智能助推教师队伍建设行动试点工作的通知》，在顶层设计方面，要积极推进人工智能、大数据、第五代移动通信技术（5G）等新技术与教师队伍建设的融合，形成新技术助推教师队伍建设的新路径和新模式，打造高水平专业化的创新型教师队伍，支撑教育强国战略与教育现代化。在确定主攻方向方面，要着力推进师生应用智能助手（平台、系统、资源、工具等），促进教学方式和学习方式改革；要着力依托智能教育平台系统，探索推进人人协同、人机协同的“双师课堂”；要探索利用平台系统，提升教师作业设计和点评能力；要探索建立或应用教师能力诊断测评系统，诊断教师学习发展需求，开展精准培养培训；要建设和应用教师大数据，采集动态数据，形成教师画像，支撑教师精准管理，支持教师评价改革。

2022年，为贯彻落实习近平总书记关于教育的重要论述，特别是关于教师队伍建设的重要讲话精神，落实《中华人民共和国国民经济和社会发展第十四个五年规划和二〇三五年远景目标纲要》的有关要求，教育部等八部门印发《新时代基础教育强师计划》。在推进教师队伍建设信息化方面，提出要深入实施人工智能助推教师队伍建设试点行动，探索人工智能助推教师管理优化、教师教育改革、教育教学方法创新、教育精准帮扶的新路径和新模式，总结试点经验，提炼创新模式，逐步在全国推广使用，进一步挖掘和发挥教师在人工智能与教育融合中的作用。更进一步明确各地方要开拓创新，探索新路径和新模式，形成可复制可借鉴的试点经验，能够推向全国。

### 2. 完善教育行业标准体系建设

落实党中央、国务院关于标准化工作的决策部署，强化标准对加快教育现代化、建设教育强国、办好人民满意的教育支撑和引领作用。2018 年，教育部发布《关于完善教育标准化工作的指导意见》。此后，为深入贯彻落实党的二十大精神，扎实推进国家教育数字化战略行动，教育部研究制定了《教育基础数据》《教育系统人员基础数据》《中小学校基础数据》《数字教育资源基础分类代码》《智慧教育平台 基本功能要求》《智慧教育平台 数字教育资源技术要求》《教师数字素养》等 7 项教育行业标准，涉及智慧教育平台建设、数字教育资源应用、教育基础数据管理，以及教师数字素养等内容。

教育基础数据管理方面，发布了 3 项标准，分别是《教育基础数据》《教育系统人员基础数据》和《中小学校基础数据》。对教育管理中高频、通用、核心的数据元素进行提炼，全面支撑教育系统的数据汇聚和安全共享，为教育管理与决策提供基本保障，助力教育治理水平的提升。其中，《教育基础数据》规定了教育信息系统中高频、通用、核心的基础数据元素及其表示形式，适用于教育信息系统的设计、教育基础数据的汇聚、交换共享和互操作。《教育系统人员基础数据》规定了教育系统中人员基础数据模型及其包含的数据元素，适用于教育管理信息系统及相关平台的设计、教育管理数据的汇聚、交换和互操作。《中小学校基础数据》规定了小学、初中和普通高中的学校基础数据元素及其表示形式，适用于中小学校基础数据的汇聚、交换共享和互操作。

在数据资源应用方面，为了完善教育信息化标准体系，提升数字教育资源建设与应用水平，发布了《数字教育资源基础分类代码》和《智慧教育平台数字教育资源技术要求》，从多维度细化了各类数字教育资源的建设要求和应用要求，为数字教育资源的共建共享、质量管控和长效发展提供了有效路径。其中，《数字教育资源基础分类代码》给出了数字教育资源的基础分类，规定了资源格式、交互类型、资源类型、用户类型、适用学习者、所属学科的分类代码[①]。该标准适用于对数字教育资源的整理、汇编、发布、检索和查询。《智慧教育平台数字教育资源技术要求》规定了智慧教育平台中数字教育资源上线的通用技术要求，并给出基础教育、职业教育和高等教育等各类智慧教育平台对上线数字教育资源的特定要求[②]。适用于各级教育行政部门、学校等单位组织建设的数字教育资源在智慧教育平台上线的技术审查。

在平台方面，教育部发布了《智慧教育平台基本功能要求》和《直播类在线教学平台安全保障要求》两项教育行业标准。其中，《智慧教育平台基本功能要求》明确了各级各类智慧教育平台基本功能框架及功能要求，为基础教育、职业教育和高等教育领域智慧教育平台的设计、开发和应用提供了重要依据。在《要求》中，明确规定“数据分析与评价模块基本功能包括教学分析与评价、学习分析与评价，拓展功能包括但不限于学情分析、学情预警、电子学档、视频行为分析”。《直播类在线教学平台安全保障要求》规定了直播类在线教学平台的安全合规要求、安全功能要求及数据安全要求。适用于直播类在线教学平台安全功能的开发、管理和使用，也适用于主管监管部门、第三方评估机构等组织对直播类在线教学平台安全保障工作进行监督、管理和评估。

---

① 中华人民共和国教育部.数字教育资源基础分类代码：JY/T 0644—2022[S].北京：教育部，2022.

② 中华人民共和国教育部.智慧教育平台数字教育资源技术要求：JY/T 0650—2022[S].北京：教育部，2022.

在数字素养方面，发布了《教师数字素养》教育行业标准，旨在扎实推进国家教育数字化战略行动，完善教育信息化标准体系，提升教师利用数字技术优化、创新和变革教育教学活动的意识、能力和责任。标准制定了教师数字素养框架，框架包括5个一级维度、13个二级维度和33个三级维度，其中一级维度包括数字化意识、数字技术知识与技能、数字化应用、数字社会责任、专业发展等5个方面[①]。标准将用于对教师数字素养的培训与评价。标准要求教师应客观理解教育数字化发展的价值与机遇挑战，主动学习并使用数字技术资源；应了解数字技术知识并掌握数字技术技能；采用数字技术资源开展教学设计、数字化教学与数字化个体学业评价，通过数字技术资源实现家校协同育人；利用数字技术资源促进自身与专业发展等。

### 3. 推进数字化赋能教学质量提升

为了促进信息技术与教育教学实践深度融合，推动课堂革命，创新教育教学模式，教育部陆续出台了《基础教育课程教学改革深化行动方案》《关于加强新时代中小学科学教育工作的意见》《关于实施新时代基础教育扩优提质行动计划的意见》3份文件，深入推进教育数字化，促进信息技术与教育教学深度融合。

2023年，在《基础教育课程教学改革深化行动方案》中提出：充分利用数字化赋能基础教育，推动数字化在拓展教学时空、共享优质资源、优化课程内容与教学过程、优化学生学习方式、精准开展教学评价等方面广泛应用，促进教学更好地适应知识创新、素养形成发展等新要求，构建数字化背景下的新型教与学模式，助力提高教学效率和质量。建好用好国家中小学智慧教育平台，丰富各类优质教育教学

① 中华人民共和国教育部.教师数字素养:JY/T 0646—2022[S].北京:教育部,2022

资源，引导教师在日常教学中有效常态化应用。全面总结“基于教学改革、融合信息技术的新型教与学模式”实验区经验，推出一批数字化应用的典型案例。

《关于加强新时代中小学科学教育工作的意见》在第5条“深化学校教学改革，提升科学教育质量”中提出，探索利用人工智能、虚拟现实等技术手段改进和强化实验教学，并注重利用先进教育技术弥补薄弱地区、薄弱学校及特殊儿童群体拥有优质教育教学资源不足的状况。组织遴选实验教学精品课程。发挥各级教研部门和教学指导委员会作用，甄别、培育、推广先进教学方法和模式。在第13条“优化数字智慧平台，丰富科学教育资源”中提出，在国家智慧教育公共服务平台等链接科学教育资源，鼓励社会各界制作上线“科学公开课”“家庭科学教育指导课”等，不断丰富平台资源。建立科学家（科技工作者）、科学课、科学教育场所资源库，强化资源征集、对接、调度机制，高效有序安排地方及学校选择使用。

在《关于实施新时代基础教育扩优提质行动计划的意见》中特别提出要实施数字化战略行动，赋能高质量发展。一方面，要提升国家中小学智慧教育平台建设应用水平。丰富平台优质资源，统筹建设覆盖德智体美劳五方面的数字资源，课程教学资源实现覆盖所有教育部审定教材版本。拓展应用功能，加大在智慧课堂、双师课堂、智慧作业、线上答疑、网络教研、个性化学习和过程性评价等方面融合应用。提升应用实效，强化师生应用培训，增强师生信息素养和实际应用能力；健全应用激励机制，推广融合应用优秀案例，促进优质教育资源广泛共享。另一方面，完善国家基础教育管理服务平台。以数字化赋能提升教育治理水平，推动学籍管理、课后服务、控辍保学等子系统全面应用，完善党建德育、校园安全、阳光招生、电子毕业证、集团化办学等子系统，加快推进实际应用，着力提升基础教育管理效能。完善

“学有优教”App，搭建家校沟通渠道，加快推动基础教育面向公众的管理服务实现“一网通办”，提升服务公众能力[①]。

除了学校教育，我国也提出要持续开展终身学习数字化转型工作。在2022年教育部发布的《关于举办2022年全民终身学习活动周的通知》中要求，各地要深入贯彻落实国家教育数字化战略行动，充分利用社区教育和老年教育办学网络及各类终身学习服务平台，整合数字化学习资源，助力推进教育数字化，通过组织线上线下相结合的讲座、培训、观摩、座谈等多种形式，深入开展“学习党的二十大精神”，举办终身学习数字化转型发展相关活动，持续、集中开展思想道德、科学文化、养生保健、心理健康、职业技能、法律法规、家庭理财、闲暇生活、代际沟通、生命尊严等方面的学习活动。

### 4. 构建数字化教育支撑和保障体系

为了推动教育数字转型、智能升级、融合创新，支撑教育高质量发展，教育部陆续发布《关于推进教育新型基础设施建设构建高质量教育支撑体系的指导意见》《国家智慧教育公共服务平台接入管理规范（试行）》《关于开展信息技术支撑学生综合素质评价试点工作的通知》3份文件，分别从教育基础设施、平台建设标准和管理规范，新技术支撑学生综合素质评价等方面，构建数字化教育的技术支撑体系。

《关于推进教育新型基础设施建设构建高质量教育支撑体系的指导意见》以技术迭代、软硬兼备、数据驱动、协同融合、平台聚力、价值赋能为特征，加快推进教育新基建。面向教育高质量发展需要，聚焦信息网络、平台体系、数字资源、智慧校园、创新应用、可信安全

---

① 中华人民共和国中央人民政府.关于实施新时代基础教育扩优提质行动计划的意见，2023.

等方面的新型基础设施体系[①]。加强对接入国家智慧教育公共服务平台（以下简称“国家智慧教育门户”）的各级平台的管理，形成以国家智慧教育门户为核心的国家智慧教育平台体系，对接入要求、接入流程和运行管理都作出了具体规定。

《关于开展信息技术支撑学生综合素质评价试点工作的通知》中提出，在中小学生综合素质评价基础较好、常态化开展信息化教学应用的区域中，遴选30个左右的区域开展试点工作。用5年左右的时间，形成百万级规模中小学生综合素质发展基础数据库，创新评价工具，利用人工智能、大数据等现代信息技术，探索开展学生各年级学习成长情况全过程纵向评价、德智体美劳全要素横向评价，主要包括思想品德、学业水平、身心健康、艺术素养、劳动与社会实践等五个方面，形成数据驱动的学生综合素质评价解决方案，客观总结我国中小学生综合素质发展的规律，确保评价正确方向，完善评价内容，强化技术支撑，促进学生德智体美劳全面发展。

## （三）我国主要地区教育数字化政策重点内容

### 1. 东部地区加强规划与标准规范，突出示范试点

北京市落实国家教育数字化战略行动，制定了《北京教育信息化三年行动计划（2018—2020）》和《北京教育信息化“十四五”规划》等多个文件；加快推进教育数字转型和智能升级，制定了《北京市高等学校智慧校园建设规范（试行）》《北京市中小学智慧校园建设规范（试行）》，构建首都数字化教育资源体系，保障数字教育资源内容的安

① 中华人民共和国教育部.关于推进教育新型基础设施建设构建高质量教育支撑体系的指导意见，2023.

全，制定了《北京市数字教育资源内容审核实施办法（试行）》《北京市教育数据资源管理办法（试行）》。

2023 年，天津市教委印发教育系统数据分类分级管理办法，开展国家智慧教育公共服务平台应用典型案例推荐工作，建立教育系统首席数据官制度。

2023 年，河北省教育厅举办 2023 年高等教育数字化专题研讨班，开展数字校园建设省级示范区（校）遴选工作及“推进教育数字化转型”专题调研。制定“乡村学校师生信息素养提升牵手行动”工作方案、《2023 年教育信息化工作要点》、《“实施智慧教育示范工程”专项行动方案（2023—2027）》，举办第六届基于“互联网 +”数字教育技能大赛线上交流培训活动，部署河北省第八届微课大赛、教育系统 2023 年度网络安全技能大赛。

2021 年，教育部批准上海市为全国首个“教育数字化转型试点区”，上海市为整体性推进教育数字化转型擘画了新的蓝图，先后出台《上海市教育信息化 2.0 行动计划》《上海市教育数字化转型“十四五”规划》《上海市教育数字化转型实施方案（2021—2023）》等文件。探索构建完善标准体系，成立教育数字化转型标准委员会，发布《上海教育数据管理办法》《学校数字基座需求说明与建设标准》《教育管理基础数据》等标准规范。

2022 年 4 月，江苏省被确定为国家智慧教育平台首批整省试点省份。同年 6 月，江苏省正式启动试点工作，出台《国家智慧教育平台江苏整省试点实施方案》。随着试点工作的推进，当前，全省智慧教育平台已经接入 30 余个应用系统，服务全省近千万中小学师生，并实现与国家平台的双向互通访问、统一身份认证、统一运行监测，初步构建了上下联动的智慧教育平台体系，基本形成以“全方位育人、全链条贯通、全时空服务，资源更优质、使用更便捷、运行更安全”为基本特点的江苏智慧教育平台建设模式①。

浙江省出台教育领域数字化改革工作方案，建成省级教育大数据仓及“教育魔方”数字支撑体系，制定《浙江省教育管理基础数据元素和代码规范标准》，先后出台课后服务应用项目数据规范、儿童青少年视力健康普测数据标准等10余项教育数据相关标准。积极推进国家智慧教育平台应用在整省试点，建成浙江智慧教育分平台，汇聚550余万条优质资源、7000余门网络同步课程、6.6万个微课，着力构建惠及全民、覆盖全省的在线教育公共服务体系。突破县域限制，运用数字化手段建设跨区域义务教育学校共同体，全省4700余所学校实现跨时空“同步课堂”，累计开展帮扶活动27万次，进一步促进义务教育优质均衡发展。利用数字化手段和人工智能技术，优化教育质量监测和学生综合素质评价，实现对地方教育发展、学校教学活动和学生学习情况的“精准画像”，为教师开展“精准教学”提供有力支持，推进信息技术与教育教学深度融合，激发教与学的活力，不断提高教育教学质量②。

山东省出台《教育信息化“十四五”规划》，省教育厅等12个部门联合制定“互联网+教育”发展实施意见。研制智慧教育创建标准，发布《智慧教育示范高校创建标准》《智慧教育示范区创建标准》，确立智慧教学、智慧管理、智慧科研、智慧服务、智慧安全、支撑环境、保障机制等方面建设指标，强化目标导向，助力全省智慧教育发展。

广东省在发展数字教育方面早有布局。《广东省教育发展“十四五”规划》《广东省教育数字化转型行动方案（2023—2027）》等文件先后印发，以数字化转型开辟广东省教育高质量发展的新赛道、新范式。由

① 中华人民共和国教育部.江苏强化资源供给，高标准推动省级平台与国家平台充分贯通——教育数字化催生学习新样态，2023.

② 中华人民共和国教育部.浙江省以教育数字化促进教育现代化——2023年全国教育工作会议经验交流之七，2023.

广东省教育研究院牵头开展的“新一代通信与网络”重大专项“5G+智慧教育”研究工作，通过全过程教学大数据的采集、分析和应用，将传统经验性教学向以数据交互、信息评估为主的数字化教育转变，打造“5G+智慧教育”的广东样板。由广东省教育厅主办的教育“双融双创”教师信息素养提升实践活动，通过案例征集、展示和评审，为全省教师提供可借鉴、可复制、可推广的数字化转型教学模式和典型案例，推进教育数字化转型和高质量课堂建设。作为全国首批智慧教育示范区建设城市，广州市全面推进教育数字化转型、智能化升级，以教育信息化服务教育改革发展。78项智慧教育成果入围广州市第二届智慧教育成果展，聚焦智慧阅读、网络学习空间、大数据支持教学评价、智慧校园等类别，充分展示各学校开展智慧教育的成果和智能赋能“双减”工作的成效。深圳市将分三期建设“鹏教智能体”，规划智慧教育示范区建设的时间表和路线图。在教育数字化转型方面，深圳市以“筑基、拓基、强基”三基工程全面落实教育数字化转型，以数字化转型提质创新。

2023年，福建省教育厅启动第二轮省级“智慧校园试点校”建设工作，福建省教育厅等六部门联合印发《福建省教育数字化战略行动三年实施方案》，完成福建智慧教育平台可行性研究报告暨初步设计方案编制，完成福建教育专网建议书编制。

2023年，海南省教育厅研制出台《海南省中小学在线互动教室建设指南》，举办2023年全省中小学教师数字化教学能力大赛。开展教育数字化转型典型案例巡展活动。

### 2. 中部地区探索转型新路径，推进教学环境智能升级

河南省教育厅等八部门印发《河南省加快教育新型基础设施建设专项行动方案（2023—2025年）》。河南省教育厅印发《河南省中小学

智慧校园评估标准（试行）》，编制《河南省中小学智慧校园建设标准》《河南省本科高校信息化发展水平评估指标体系》，印发《河南省中小学智慧教育平台建设与应用实施方案》，研制2023年度教育网络安全和信息化工作要点，遴选“5G+智慧教育”创新应用试点项目50个、职业教育信息化标杆学校39所。

2023年，湖北省教育厅召开两次专题会，研究加快推进教育数字化的目标任务和工作举措。印发《教育数字化战略工程实施方案》，成立专班推进全省各地中小学校师生数字化终端配置工作落实。

湖南省出台《湖南省“互联网＋教育”行动计划（2019—2022年）》，建立“互联网＋教育”工作领导小组和联席会议等制度，明确将教育数字化转型作为省、市、县三级“教育厅局长突破项目”。制定“培育教育数字化新势力，再倒逼传统教育进行数字化转型”的“两步走”策略。设立教育信息化战略研究基地、数字教育资源建设应用中心、智能课堂与教育大数据研究应用中心等5个专门机构，组建8个专业团队。实施“学校联网攻坚行动”和“多媒体教室攻坚行动”，联通7000余个农村教学点，将网络条件较差的9000余所农村学校带宽全部提升到100M以上，配备22万余间多媒体教室，实现99.93%的学校拥有多媒体教室，扎实推进学校环境数字转型和智能升级。建成22个农村网络联校实验县、101所现代化芙蓉学校、540所新型网络联校，打造“上联名校、下联村小”的城乡数字教育共同体，不断推进线上线下结合、优质资源共享的数字教育均衡体系建设①。

江西省教育厅印发《关于进一步做好“高质量班班通”建设与应用工作的通知》，发布《江西省数字经济发展水平监测评分细化（智慧

① 中华人民共和国教育部.湖南省加快推动教育数字化转型——2022年全国教育工作会议经验交流之十一，2022.

教育部分)》，开展网络安全宣传周“校园日”活动，印发《2023年教育网络安全和信息化工作要点》，开展2022年度全省教育系统网络安全责任制考核评价工作。

“十四五”时期，安徽省在教育信息化方面的主要任务是推动智能时代的教育创新，具体包括:推进教育信息化新基建、大力开发优质数字化教育资源、推动新技术与教育教学深度融合、推进网络化智能化教育管理与服务等四项任务，同时还将实施教育信息化建设工程。主要目标是智慧学校建设全面覆盖，实现传统教学向信息化教学转变，覆盖全省、联通全国、互联互通的智能教育服务体系基本形成，教育信息化支撑和引领教育现代化成效更加明显，人人皆学、处处能学、时时可学的学习型社会建设取得重要进展。

山西省教育厅发布《山西省“十四五”教育事业发展规划》，提出到2025年，山西省数字教育深入推进，智慧校园覆盖率实现突破。

### 3. 西部地区系统设计谋划，促进优质教育资源共建共享

2023年，四川省教育厅印发《关于进一步加强智慧教育平台推广应用的通知》《关于开展第一批智慧教育示范区（学校）创建遴选工作的通知》《关于进一步加强教育App使用管理的通知》《2023年教育信息化和网络安全工作要点》。启动省级智慧教育示范区(学校)创建工作，开展国家智慧教育公共服务平台应用典型案例推荐工作。制定《四川省智慧教育示范区（学校）创建遴选管理办法（试行)》。开展基础教育数字化转型调研及全国“智慧教育示范区”创建项目自评估工作。

2022年，云南省以省委办公厅、省政府办公厅名义印发“互联网+教育”20条措施，从建设教育专网、教育数字资源、数字校园、服务师生、服务教育治理等方面规划了未来5 ~ 10年加快云南教育信息化

发展的20条措施，并明确了省级、州市、县区及学校四级的工作任务。目前，云南省已有53.6万教师、65.3万学生注册使用国家平台资源，班级数量3.2万个，发布作业2.9万条，主要浏览的资源模块为课程教学8181.7万次，教师研修2885.5万次，完成暑期研修教师数为44.2万，全省各级各类学校师生已常态化使用平台资源开展教育教学活动。制定《云南省教育公共服务平台数字教育资源及服务审核管理办法（试行）》，确保向全省提供的数字资源安全可靠，已向全省筹集基础教育精品课资源816节，推荐至国家平台300节。

2023年，贵州省教育厅组织“国家智慧教育平台应用创新案例”征集活动，开展遴选国家中小学智慧教育平台应用优秀案例工作，组织全省网络学习空间普及应用及微课应用活动，开展国家智慧教育公共服务平台应用典型案例推荐工作和2023年全省教育数字化发展状况调研工作。

2023年是推进西藏教育数字化转型的关键之年，正在推动国家平台和珠峰旗云平台深入应用，加强边远薄弱地区数字化教育环境建设，提升边远薄弱地区师生数字素养与技能，加强区域、学校试点示范工作，积极拓展智慧教育资源存量和应用场景，加强试点指导与管理，形成覆盖全区、点面结合、多点开花的试点格局，加快推进教育数字化建设与应用。

2023年，重庆市教委印发《关于构建覆盖全市的数字教育资源体系的工作方案》，开展2022年基础教育精品课市级精品课遴选工作及市级教育应用目录和公共数据目录编制工作。

陕西省出台《教育网络安全和信息化“十四五”规划》，整体推进实施教育数字化战略行动。大力推动各级各类学校加强数字校园基础设施建设，推进5G等网络新技术进校园，努力营造网络化、数字化、智能化的教育教学环境。截至2022年底，无线网络校内全覆盖比例超过 50.84%；高校校园网主干带宽千兆以上的学校占比超过 90%，中小学校多媒体教室总占比达 95.4%，84% 的高职院校建有仿真实训室。统筹推进国家智慧教育公共服务平台应用工作，指导各级各类学校充分利用平台优质数字资源,创新开展教育教学活动[①]。深化“陕西教育扶智平台”应用，促进优质教育资源共建共享，推动 2000 余所中小学校通过平台建立网络结对帮扶关系，其中国家乡村振兴重点帮扶县中小学校实现全覆盖。

甘肃省自 2020 年开始启动“智慧教育示范区和标杆校”建设，推进教育全要素、全流程、全业务的数字化转型，特别是在教育信息化基础环境、教学应用、数字素养、网络安全等方面强化改进，教育数字化水平不断提升。各市州积极探索数字技术与教育教学活动有效融合，形成典型案例和示范场景。入选的区域和学校数字化基础教学环境网络接入率与多媒体教室覆盖率均达到 100%，建成区域智慧教育平台，形成区域优质教育资源库，数字化教育资源应用成为常态。

青海省印发了《青海省数字经济发展三年行动方案（2023—2025 年）》，提出加快发展智慧教育，开展数字校园建设与应用达标行动，提升教育数字化水平。2023 年以来，青海省以巩固深化国家智慧教育平台首批整省试点成果为契机，组织 1500 余所中小学校、5.7 万余名教师、88 万余名学生持续应用国家平台，扩大优质教育资源覆盖面，缩小城乡、区域、校际差距，服务基础教育高质量发展。目前，全省所有学校（含教学点）都已接入互联网，带宽全部达到 100M 以上，建立校园网的比例超过 83%，网络多媒体教室占教室总数的比例达到 99%。小学和初中每百名学生拥有计算机台数分别达到 15.4 台、26.6 台，有

① 中华人民共和国教育部. 陕西省加快推进教育数字化转型 助力教育高质量发展, 2023.

效改善了学校教育数字化基础支撑环境，有力保障了平台的常态化应用[①]。

2023年，宁夏回族自治区教育厅印发《宁夏回族自治区教育数字化战略行动计划（2023—2027年）》，开展2023年全区教师信息素养测评工作。印发《关于遴选教育数字化战略行动“揭榜挂帅”项目的通知》。举办2023年第四期全区教育数字化领导力提升专题培训班及第十九期数字教育大讲堂，开展“中小学教师数字素养提升系列讲座”录制工作。召开“互联网+教育”示范县（区）建设成果展示暨现场推进会。

新疆维吾尔自治区高度重视职业院校数字化转型建设和教学能力提升工作，开展首批职业院校数字校园建设试点工作，指导8所试点学校打通与教育部信息中心的中台数据接口，实现数据共建共享。注重发挥教学能力比赛引领示范作用，每年组织自治区教学能力比赛，为全区职业学校教师搭建了教育教学竞技的平台，利用数字化进一步引导职业学校围绕立德树人根本任务，构建“三全育人”体系，推进高水平、结构化教师教学创新团队建设，促进“能说会做善导”的“双师型”教师成长。

### 4. 东北地区加强实践探索，助力教育创新发展提升

辽宁省教育厅召开2023年网络安全研讨会，开展2023年软件正版化业务培训班。开展国家智慧教育公共服务平台应用典型案例推荐和2023年全省教育信息化发展状况调研工作。

黑龙江省启动实施黑龙江省数字化战略三年攻坚行动方案，通过实施一批针对性、实用性、创新性举措，破解教育高质量发展和优质

---

① 青海省人民政府.教育部公布实践创新典型案例名单青海省两个案例榜上有名,2024.

资源不均难题，力争用3年左右时间建成“一云四网”龙江教育数字化转型创新发展体系，全面提升教育数字化整体发展水平。

吉林省教育厅研制《中小学智慧教育示范校建设指南》《高等院校智慧教育示范校建设》，出台《吉林省教育资源公共服务平台数字教育资源管理办法（试行）》。公布“三个课堂”建设与应用优秀试点区域、优秀名师工作室及优秀学科基地校名单。

## （四）教育界对数字化转型政策的响应

### 1. 响应国家政策对教育数字化的支持

在全球数字化变革的大趋势下，教育领域的数字化转型已成为提升教育质量、促进教育公平、适应社会发展需求的关键举措。我国高度重视教育数字化转型，通过一系列政策制定与实施路径探索，积极推动教育数字化进程向纵深发展。

我国教育数字化转型的顶层设计展现出系统性与前瞻性特质，以分阶段的政策规划逐步搭建起完整的行动架构。起初，相关政策重点聚焦于基础设施的普及。2012年颁布的《教育信息化十年发展规划（2011—2020年）》明确提出“三通两平台”目标，即实现宽带网络校校通、优质资源班班通、网络学习空间人人通，以及构建教育资源公共服务平台和教育管理公共服务平台。这一举措促使教育信息化从单纯的硬件覆盖迈向资源整合阶段。随着技术的不断迭代以及教育需求的持续升级，政策导向逐渐转变为深度应用与创新驱动。2018年出台的《教育信息化2.0行动计划》强调从“应用驱动”向“创新引领”转变，突出人工智能、大数据等先进技术与教育教学的深度融合，并确定了“三全两高一大”目标，也就是教学应用覆盖全体教师、学习应用覆盖全体适龄学生、数字校园建设覆盖全体学校，显著提升师生信息素养与信息化应用水平，建成“互联网 + 教育”大平台。2022 年发布的《“十四五”国家信息化规划》更是将教育数字化纳入国家新基建战略，大力支持智能教育场景的研发以及教育数据治理体系的建设。从这一系列政策演进过程中，能够清晰地看到从“工具赋能”到“生态重构”的逻辑深化。

国家在资金投入方面构建了多层次的投入机制，通过中央财政专项与地方配套资金共同发力。中央财政专门设立教育信息化专项资金，重点对中西部地区以及农村学校的网络升级、数字资源开发和教师培训给予支持。例如，“农村中小学现代远程教育工程”累计投入巨额资金，为偏远地区学校配备了卫星接收设备和多媒体教室。近年来开展的“智慧教育示范区”建设专项，则聚焦于北京、上海等 8 个试点区域，积极探索 5G、AI 等前沿技术在教育领域的创新应用模式。专项工程的规划注重问题导向与示范效应。针对教育资源不均衡的问题，“国家中小学智慧教育平台”整合了全国名校的课程资源，并免费向农村学校开放。针对职业教育中存在的产教脱节问题，“职业教育数字化升级计划”大力支持校企共建虚拟仿真实训基地。这些专项工程通过“以点带面”的方式，为不同区域、不同学段提供了具有针对性的解决方案。

标准化建设在教育数字化转型中是一项基础性工作。教育部相继发布了《教育信息化标准体系框架》《数字校园建设规范》等技术文件，对数据接口、资源格式、隐私保护等关键标准进行统一，有效解决了早期因技术碎片化而导致的系统互操作性难题。比如，通过制定“网络学习空间”数据标准，实现了学生学籍信息、学习行为数据在不同平台间的顺畅流转。评估体系也逐渐从硬件设备的推广和建设向数字技术的合理应用转变。早期的评估主要以硬件覆盖率、资源数量等量化指标为主，近年来则逐步引入“教育信息化发展指数（EDI）”，从基础设施、资源应用、管理服务、师生素养四个维度对区域进展进行综合评价。同时，教育部开展“数字化教学能力认证”试点工作，将教师信息技术应用能力纳入职称评审体系，有力推动了政策落地与个体能力提升的紧密结合。

总体来看，当前针对教育数字化的政策框架较为完善。然而，在实际推进过程中仍面临诸多挑战。一方面，区域执行存在差异，致使政策红利释放不均衡。另一方面，部分专项工程存在“重设备轻运营”的倾向，后期维护以及教师培训等配套措施不到位。此外，数据安全与伦理规范有待进一步完善，特别是在未成年人个人信息保护、AI 教育应用边界等方面缺乏细致的指引。未来，需借助动态政策调整以及长效协同机制，实现质量提升的转型跨越，持续推动我国教育数字化转型向更高水平迈进。

### 2. 地方政府在教育数字化中的创新举措

在教育数字化的时代浪潮中，地方政府肩负着推动教育变革、提升教育质量的重要使命。为顺应这一趋势，诸多地方政府积极探索创新，采取一系列有力举措，全力推进教育数字化进程。以徐汇区为例，作为教育部及上海市相关教育数字化转型试验区，徐汇区在教育数字化进程中展现出诸多亮点与成效。

在教学资源共享方面，徐汇区借助技术打破传统课堂局限。打造“空中课堂”，以学区为依托，整合各级资源，选拔优秀青年教师录制语文、数学、英语等学科的复习课视频，采用视频录播与答疑结合的方式，为学生提供免费个性化辅导。目前，已在两个学区初二年级试点，覆盖 12 所初中 2000 余名学生，后续将在全区推广，进一步加大优质教师资源共享力度。数字化技术的全面升级也极大提升了教师教学的效率与精准度。在徐汇区中小学课堂，教师拥有备课、教学、作业辅导“三个助手”。借助这些助手，教师课前备课减负提质，课中依据数据分析因材施教，课后推送个性化作业满足不同学生需求。多所学校已在不同学科开展应用试点，教师普遍反馈利用数字资源和平台让教学更优质高效。为匹配数字化教学需求，徐汇区大力提升硬件设施。实施“五十百千”工程，为市级教育信息化应用标杆培育校等建设智慧教室，已完成百间教室配备，覆盖试验学科所在年级。同时，升级校园网络，采用全光网设计保障高速网络，加强带宽调控与网络安全工作，确保教学过程中网络稳定流畅。软件机制方面，徐汇区建立多部门协调机制，细化任务、责任到人。加大资源投入，统筹财政经费支持试验校设备配备与网络优化，加强人员保障与师生信息素养培训。徐汇区在教育数字化转型中，通过创新教学资源共享模式，提升教师教学效能、完善硬件设施与软件机制等一系列举措，积极构建数字化背景下的新型教与学模式。其经验为地方政府在教育数字化领域的探索提供了有益借鉴，助力推动教育高质量发展。

此外，浙江省通过系统规划与多元实践，在教育数字化领域取得了显著成效。在扩大技术应用、赋能教育教学方面，浙江省积极推进国家智慧教育平台应用整省试点，建成了浙江智慧教育分平台，汇聚大量优质资源。开发“浙里问学”免费在线答疑平台，升级“学在浙江”应用，建设体系化课程资源，开展跨区域义务教育学校共同体建设。利用数字化手段优化教育质量监测与学生综合素质评价，促进信息技术与教育教学深度融合。强化数据服务、优化教育治理也是浙江省教育数字化的重点工作。加快建设“教育大脑”驾驶舱，建成多个智控点与模型，提升教育重大应用智能化水平。开发多个应用程序及监督系统，实现对培训机构、校园安全、食品安全、科研项目等的有效监管与服务。此外，浙江省创新采用“政府主管＋国有企业建设运营”模式推进“教育魔方”建设，吸引众多企业参与，借助社会力量开发大量教育应用。依托高校和企业共建研究院，完善资源遴选与使用机制，开展创新试点并推广经验，激发教育数字化改革活力。浙江省通过在数据归集、技术应用、数据服务及保障机制等多方面的创新举措，为地方政府推动教育数字化提供了宝贵经验，有力促进了教育的高质量发展，在教育数字化进程中树立了典范。

### 3. 学校在数字化转型中的自主探索

随着学校的数字化转型成为教育发展的必然趋势，构建智慧校园已成为学校数字化转型的重要目标。在此过程中，随着技术的更新迭代与智能化程度的稳步提升，学校积极整合各类资源，借助先进技术搭建智能化平台，以实现校园管理、教学以及服务的全面升级。而人工智能在这一转型进程中发挥着关键作用，为智慧校园的建设与发展注入了强大动力。

未来校园主要朝着智能化管理、“个性化 + 智能化”教学、智能化服务三个方向发展。在“个性化 + 智能化”教学方面，人工智能展现出独特优势。一方面，通过深入分析学生学习数据，依据学生学习状况与表现，为每位学生量身定制个性化学习计划与教学内容，同时为教师提供个性化教学建议与支持，真正实现“因材施教”。另一方面，借助人工智能技术实现教学过程智能化，包括课程设计、教学评估、学生学习监控、自动批改作业等，极大地减轻了教师工作负担，提升了教学效率。例如，借助智能推荐系统，为学生推荐契合其学习阶段的课程与习题，实现个性化教育。同时，利用智能语音识别技术开展语音互动教学，通过视频进行场景教学，有效激发学生学习兴趣，提高参与度。在精准教学评估方面，AI 技术通过数据分析对学生学习情况进行精准评价。教师借此能及时掌握学生学习进度与问题，进而调整教学策略，提升教学效果。这种基于数据的评估方式相较于传统的单纯依据一次性考试分数或经验判断的方式，更为客观、准确。此外，AI 技术还能助力教师精准备课与教学管理，如通过智能排课系统实现课程自动安排与调整，协助教师批改作业等，减轻教师的工作负担。综上所述，在学校数字化转型构建智慧校园的进程中，人工智能凭借其独特优势，为学生打造个性化学习体验，提升学生学习兴趣与效果，同时为教师提供精准教学支持与反馈，有效提升教学质量与效率。

学校的数字化转型不仅要体现在教学设施与资源的数字化升级上，更重要的是要将教师队伍的数字化素养提升纳入战略规划中。在教育数字化转型的大趋势下，学校作为教育的关键实施主体，在培养教师数字素养方面发挥着核心作用。通过一系列系统举措，助力教师适应数字化时代的职业教育需求，进而推动教育质量的全面提升。强化教师数字化意识是打造高素质数字化教师队伍的基础。教师须深刻领会数字技术对职业教育转型的关键意义。学校应紧密结合所在区域的产业结构和经济发展的实际情况，同时考量自身的办学特色与资源，科学拟定教师数字素养提升规划。明确提升路径，确保规划具备切实可行性，使教师充分认识到数字素养提升对于自身职业发展以及教育教学质量改进的重要性。学校应常态化组织教师参与“数字技能”研修培训。例如，学校可开设专门的培训课程与研修班，借助在线学习平台的便捷性让教师系统学习数字化工具与技术。教师在学习过程中，不仅要掌握理论知识，更要强化实践操作环节，熟练运用数字教学平台开展教学活动。同时，积极吸纳企业数字人才加入教师队伍，促进教师与行业的紧密联系，使教学内容更贴合实际需求。依据教师的数字化教学能力，进行认证管理并与考核挂钩，设定不同层次的考核标准，激励教师不断提升自身数字化水平，推动教师数字化转型。

总体而言，国家政策、地方政府与学校在教育数字化转型中各司其职又紧密协作。国家政策为转型指明方向、提供保障；地方政府因地制宜落实政策，整合资源推动创新；学校则在一线将数字化理念与技术融入教学实践。三方协同共进，形成强大合力，推动教育数字化转型不断深化，才能为培养适应数字时代需求的创新人才、实现教育高质量发展提供有力支撑。

# 三、我国教育数字化的发展历程与成效

我国教育数字化的发展历程丰富且成果显著。自20世纪末起步探索，历经稳定发展与深化创新，2022年国家智慧教育平台上线后驶入快车道。如今，国家智慧教育平台已连接全国51.9万所学校，辐射大量师生及社会学习者，访问用户遍布全球200多个国家和地区。平台汇聚了海量教育资源，涵盖中小学、职业教育和高等教育等多个领域，有力支撑了教育教学、教师专业发展、教育治理等教育核心任务。

## （一）教育信息化到数字化的发展历程

本文借鉴《信息化蓝皮书：中国信息化形势分析与预测》的分析，按照相关法律、政策的制定及实施的时间划分，我国教育信息化到数字化教育共经历了四个阶段：前教育信息化阶段（1978—1999年）、教育信息化1.0阶段（2000—2016年）、教育信息化2.0阶段（2017—2021年）以及教育数字化阶段（2021年7月—至今）。

### 1. 前教育信息化阶段（1978—1999年）

1978年，教育部印发了《关于电化教育工作的初步规划》，首次从国家层面对教育信息化做出部署，并开始推动实施现代远程教育工程。1999年，中共中央、国务院发布《关于深化教育改革，全面推进素质教育的决定》，明确提出大力提高教育技术手段的现代化水平和教育信息化程度。该阶段教育信息化主要从机构设置和系统运行方面进行早期探索和设计部署。

### 2. 教育信息化 1.0 阶段（2000—2016 年）

教育信息化 1.0 时期，国家致力于发展并提高教育信息化基础设施水平，专注于在硬件设备、软件资源等方面进行布局。2001 年，教育部印发《全国教育事业第十个五年计划》，指出要完善高等学校的计算机网络建设，加快数字图书馆等公共服务体系建设，进一步改善高等教育的信息环境。

2006 年，为适应构建学习型社会和教育现代化的需要，进一步加强教育信息化建设，教育部决定成立教育信息化工作办公室，挂靠在科学技术司，作为“教育信息化领导小组”的办事机构。教育信息化工作办公室的主要职能是：负责统筹协调、统一管理各级各类教育信息化建设的共性问题；负责研究制定宏观规划和相关政策，推进教育电子政务、基础设施建设、资源整合共享、网络安全保障、标准化、信息技术研发与应用、信息化人才培养；负责重大项目审批与管理等相关工作。

2010 年，《国家中长期教育改革和发展规划纲要（2010—2020 年）》中提到，将教育信息化纳入国家信息化发展整体战略，加快终端设施普及，推进数字化校园建设，实现多种方式接入互联网，加快中国教育和科研计算机网、中国教育卫星宽带传输网的升级换代。

2012 年，教育部为推进落实《国家中长期教育改革和发展规划纲要（2010—2020 年）》关于教育信息化的总体部署，组织编制了《教育信息化十年发展规划（2011—2020 年）》。提出以教育信息化带动教育现代化，是我国教育事业发展的战略选择，并要求各级教育行政部门和各级各类学校要高度重视，把教育信息化摆在支撑引领教育现代化的战略地位。

2016年教育部印发《教育信息化“十三五”规划》，明确了指导思想与工作原则，发展目标。部署完成了“三通工程”建设，全面提升教育信息化基础支撑能力；实现公共服务平台协同发展，大幅提升信息化服务教育教学与管理的能力；不断扩大优质教育资源覆盖面，优先提升教育信息化促进教育公平、提高教育质量的能力；加快探索数字教育资源服务供给模式，有效提升数字教育资源服务水平与能力；创新“网络学习空间人人通”建设与应用模式，从服务课堂学习拓展为支撑网络化的泛在学习；深化信息技术与教育教学的融合发展，从服务教育教学拓展为服务育人全过程；深入推进教育管理信息化，从服务教育管理拓展为全面提升教育治理能力；紧密结合国家战略需求，从服务教育自身拓展为服务国家经济社会发展等八项重点任务，全面深入推进“十三五”教育信息化工作。

政府密集发布国家层面教育信息化顶层设计，反映了国家坚定推行教育信息化的决心，更为全面开展教育信息化工作指明了方向。

### 3. 教育信息化 2.0 阶段（2017—2021 年）

2017年，党的十九大报告中明确提出“办好网络教育”。2018年4月，教育部印发《教育信息化2.0行动计划》，提出“三全两高一大”，即教学应用覆盖全体教师、学习应用覆盖全体适龄学生、数字校园建设覆盖全体学校，信息化应用水平和师生信息素养普遍提高，建成“互联网＋教育”大平台，这标志着我国教育信息化正式进入全新2.0时代。

2019年2月，国务院同时印发《中国教育现代化2035》和《加快推进教育现代化实施方案（2018—2022年）》，突出强调了教育信息化在教育现代化的顶层设计和行动方案中所担任的角色。高等教育作为教育信息化领域的重要组成部分，须促进信息技术与教育教学深度融合，创新信息时代教育治理新模式，推动以互联网等信息化手段服务教育教学全过程。当前阶段我国努力推动教育专用资源向教育大资源转变、从提升师生信息技术应用能力向提升信息素养转变，发展基于互联网的教育服务新模式、探索信息时代教育治理新模式，将教育信息化朝科学化、规范化和大众化的方向推进。

2019 年 3 月，教育部办公厅印发《2019 年教育信息化和网络安全工作要点》，提出了 10 项核心目标。在加强教育信息化和网络安全统筹部署；全面开展数字资源服务普及行动；持续深化网络学习空间覆盖行动；大力实施网络扶智工程攻坚行动；深入推进教育治理能力优化行动；启动实施百区千校万课引领行动；扎实推进数字校园规范建设行动；有序开展智慧教育创新发展行动；深入开展信息素养全面提升行动；强化教育信息化支撑保障措施；提升网络安全人才支撑和保障能力等 11 个方面，部署了 35 项重点任务，推动教育信息化转段升级，积极推进“互联网 + 教育”。

2021 年 3 月，教育部发布《关于加强新时代教育管理信息化工作的通知》，在加强教育管理信息化统筹协调；优化信息系统供给模式；提高教育数据管理水平；促进管理服务流程再造；提高基础设施支撑能力等 5 个方面，提出了 17 项重点任务，致力于加强新时代教育管理信息化工作，有效解决系统整合不足、数据共享不畅、服务体验不佳、设施重复建设等突出问题。

#### 4. 教育数字化阶段（2021 年 7 月—至今）

2021 年 7 月，我国明确提出要推动教育数字化转型，标志着我国开始教育数字化发展的探索。教育部等六部门发布《关于推进教育新型基础设施建设构建高质量教育支撑体系的指导意见》，明确提出要深入应用 5G、人工智能、大数据、云计算、区块链等新一代信息技术，充分发挥数据作为新型生产要素的作用，推动教育数字化转型。重点建设信息网络新型基础设施、平台体系新型基础设施、数字资源新型基础设施、智慧校园新型基础设施、创新应用新型基础设施，以及可信安全新型基础设施。

2021 年 9 月，教育部同意将上海市作为教育数字化转型试点区。将围绕建设高质量教育体系、加快推进教育现代化、建设教育强国等发展目标，进一步完善实施方案，落实配套政策等相关支持保障条件，尽快启动并加快推进试点区建设工作。

党的二十大提出“加快建设数字中国”，并首次将“教育数字化”写入报告。可以说 2022 年是我国教育数字化建设的政策元年，从这一年开始，教育部将教育数字化战略行动列入年度重点工作。同时，我国陆续出台 20 项相关政策，从教师数字素养提升、教育数字化平台建设、教育数字化行业标准等方面，指明了我国教育数字化的建设思路和发展路径。

## （二）我国教育数字化的发展基础

**建设网络全覆盖的学习环境，数字基础设施日趋完备。**根据联合国教科文组织的数据，全球存在“惊人的数字鸿沟”，43% 的年轻人在家里无法上网，而我国信息化建设为教育数字化转型打下了良好的网络基础。据教育部统计，2021 年，全国中小学（含教学点）互联网接入率达到 100%，比 2012 年提高了 75 个百分点；99.9% 的学校出口带宽达到 100M 以上，超过四分之三的学校实现无线网络覆盖，99.5% 的学校拥有多媒体教室，多媒体教室总数超过 400 万间，学校配备的师生终端数量超过2800万台[①]。可以说,我国中小学数字化教学条件全面提档升级，基本形成了网络覆盖完全、线下多媒体教学空间和网络教学空间融合的泛在化学习环境。

**建设“国家中小学智慧教育平台”，数字教育资源日渐均衡。**2022年全国教育工作会议明确提出,实施教育数字化战略行动。其中一项重要内容是教育部将原“国家中小学网络云平台”改版升级为“国家中小学智慧教育平台”。2022年3月28日，新平台正式上线并扩展至德育、课程教学、体育、美育、劳动教育、课后服务、教师研修、家庭教育、教改经验、教材等10个板块，53个栏目。现有资源总量4.4万条，是改版前的4倍；其中，“课程教学”板块资源2.5万课时，是改版前的2.9倍，覆盖30个版本、446册教材[②]。新平台让更多师生获得更好的教育学习机会，满足了学生德智体美劳全面发展的需求，还涵盖课上课下、校内校外全过程全方位育人。而且有助于实现教育资源均衡，可以把东部地区更多的优质教育资源及时输送到西部地区，让更多的农村学生享受到公平而又有质量的教育。“国家中小学智慧教育平台”自上线以来，平台浏览总量快速上升，基本形成世界第一大教育资源数字化中心和服务平台。

**建设教学应用场景,数字教育质量不断提升。**随着我国数字化基础设施体系化发展和规模化部署进程的加快，进一步推动了数字教育资源不断丰富，为数字化教学应用场景逐步扩大创造了有利条件，为提高数字教育质量提供了有力支撑。目前，我国各地各类学校都在积极将数字技术融入教育教学的各个环节，探索数字化教学应用场景的创新，

---

① 中华人民共和国国务院.中小学互联网接入率达100%超过3/4学校实现无线网络覆盖,2023.

② 中华人民共和国教育部.国家智慧教育平台已有4万余条中小学资源、2.7万门慕课,2023.

探索形成网络课堂、智慧课堂、答疑平台、辅导平台、名师直播讲堂等应用场景。随着基于人工智能技术的教学场景的广泛普及，数字化教学场景的创新创造持续加码加力，将有效提升教育教学质量，促进教育优质均衡和学生全面发展。

## （三）我国教育数字化的整体成效

### 1. 一体化推进基础教育数字化建设与应用

我国基础教育领域把数字化作为促进教育公平、提升教育质量、完善教育治理，引领教育理念创新和实践变革的重大举措，按照“应用为王、服务至上、简洁高效、安全运行”的工作要求和思路，一体化推进基础教育数字化建设与应用。

第一，数字化基础条件明显改善。目前，全国中小学（含教学点）互联网接入率达到 100%，比 2012 年提高了 75 个百分点；99.9% 的学校出口带宽达到 100M 以上，超过四分之三的学校实现无线网络覆盖，99.5% 的学校拥有多媒体教室。中小学数字化教学条件全面提档升级，基本形成了网络覆盖完全、线下多媒体教学空间和网络教学空间融合的泛在化学习环境，有效支持人人皆学、处处能学、时时可学，为深入实施基础教育数字化战略行动创造了有利条件。

第二，优质数字教育资源不断丰富。2022 年 3 月，教育部将原“国家中小学网络云平台”改版升级为“国家中小学智慧教育平台”。平台在原有专题教育和课程教学两个板块基础上，拓展为德育、课程教学、体育、美育、劳动教育、课后服务、教师研修、家庭教育、教改经验、教材 10 个板块，共 53 个栏目。平台现有资源总量 4.4 万条，是改版前的 4 倍；其中，“课程教学”板块资源 2.5 万课时，是改版前的 2.9 倍，覆盖 30 个版本、446 册教材。平台资源累计被评分 1000 多万次，最高分按5分计，德育、教师研修、教改经验、家庭教育等6个板块得分超过4.5分；累计被点赞6000多万次，被收藏700多万次[①]。这些优质资源有效服务了学生自主学习、教师教学改进、农村优质资源共享和家校协同育人，有力支撑了新冠疫情防控期间的“停课不停学”和“双减”提质增效。地方和学校也在不断丰富资源，资源数量与质量也在不断提升。

第三，教学融合应用更加广泛深入。“国家中小学智慧教育平台”在持续丰富资源的同时，还特别注重以需求为导向扩展功能、扩大应用。出台了《国家中小学智慧教育平台运行管理办法（暂行）》，为平台建设应用建立制度保障；开发了手机App及用户注册功能，强化了平台交互功能，增加了平台直播功能、资源评价功能、应用数据分析功能，智慧化程度逐步提升，可服务自主学习、教师备课、双师课堂、作业推送、答疑辅导、课后服务、教师研修、家校交流和区域管理等九大应用场景；设立了两批平台应用试点，不断总结推广应用典型。随后，平台浏览总量急剧上升，截至2023年1月31日，注册人数达7251万，形成规模巨大的教育资源数字化中心和服务平台[②]。中小学校和广大教师根据实际需要，在教研、教学、作业等各个环节，积极主动地使用数字技术，积极开展同步课堂、专递课堂、智慧课堂、智慧作业、网络教研等多场景应用，加强了教学数据的分析反馈，有效提升了教师教学能力，激发了学生学习兴趣，提高了课堂教学效率。

第四，师生数字素养技能大幅提升。随着数字技术的发展和在教育教学中的广泛应用，有效激发了广大师生的学习应用热情，一大批教师能够比较熟练地融合运用数字技术开展教育教学。教育部和各地

---

① 中华人民共和国教育部.全国中小学（含教学点）互联网接入率达到100%，基础教育数字化工作进展明显，2023.

② 中华人民共和国教育部.教学融合应用更加广泛深入，国家中小学智慧教育平台注册人数达7251万，2023.

各校通过中小学教师信息技术能力提升工程、学生信息素养提升实践活动、设立实验区实验校、“基础教育精品课”遴选等工作项目，加大了对师生数字素养培养培训和带动提高的力度，师生的数字素养和应用能力得到了大幅提升。

### 2. 以数字化和智能化引领高等教育转型

我国在以高等教育数字化、智能化引领中国式高等教育现代化建设，支撑高等教育高质量发展方面取得了显著成效。

第一，高起点建设国家高等教育智慧教育平台。在充分整合前期慕课（MOOC）与在线教育建设成果的基础上，建设了国家高等教育智慧教育平台（简称“智慧高教平台”），提供了2.7万门优质慕课、虚拟仿真实验，以及6.5万余件教材、视频等各类学习资源。慕课板块可以“一站搜索全网好课”，虚拟仿真实验板块实现“网上做实验”和“虚拟做真实验”，智慧高教平台已成为德智体美劳五育并举、课内外教育横向联通、本研教育纵向贯通、覆盖高等教育人才培养全过程的综合资源服务平台。截至目前，智慧高教平台用户覆盖166个国家和地区①。

第二，高标准加强在线课程“建用学管”。一是深入实施“慕课西部行计划2.0”。“慕课西部行计划2.0”实现了西部地区高校基本全覆盖，仅2022年一年，为西部高校提供的慕课及定制课程服务4.5万门，帮助西部地区开展混合式教学176.9万门次，参与学习学生2.5亿人次，培训西部教师35.5万人次。二是新一代信息技术与教育教学深度融合成为“新常态”。我国高校不仅已经能够从容应对新冠疫情变化，实现

① 崔倩.教育部:国家高等教育智慧教育平台用户覆盖166个国家和地区.中华人民共和国教育部政府门户网站,2023.

线上线下教学“一键切换”，而且融合了“互联网 +”“智能 +”技术的教学改革已成为我国高等教育的重要发展方向，线上线下混合式教学等新的教育形态和新的人才培养范式快速涌现。三是进一步强化在线开放课程教学管理。教育部联合中央网信办、工信部、公安部、市场监管总局发布《教育部等五部门关于加强普通高等学校在线开放课程教学管理的若干意见》。文件重点从强化高校主体责任、加强平台监督管理、开展联合治理等 5 个方面提出了相关举措，保障线上与线下教学实质等效，助力在线教育行稳致远。

第三，高水平开展高等教育数字化理论研究。组织来自全球 72 所高校、机构的 200 余位专家共同编写世界首份《世界高等教育数字化发展报告》，并在 2022 世界慕课与在线教育大会上正式发布。立足国际视野，报告全面搜集梳理了五大洲 50 个国家和 26 个国际组织教育数字化战略举措、主要经验成就和发展趋势，提出未来 10 ~ 15 年教育数字化发展倡议。体现中国特色，报告 40 余处介绍中国教育数字化系列宏观政策、战略举措和经验成就，发出中国声音、提供中国方案、分享中国经验。拓展发展理论，开创性提出了教育数字化发展转化、转型、智慧三阶段论，契合了当前数字化浪潮下高等教育数字化发展的大势[①]。研制发展指数，发布了《世界高等教育数字化发展指数》，采用目前国际先进的多维评价技术方法直观呈现世界高等教育数字化发展水平。发展报告、发展指数的研究和发布对于探讨高等教育数字化发展规律、考察各国发展状况、制定未来发展策略等具有重要价值。

第四，高层次推动慕课与在线教育国际交流与合作。一是成功举办 2022 世界慕课与在线教育大会。会上，中国教育部介绍了中国慕课

---

① 世界慕课与在线教育联盟秘书处. 无限的可能——世界高等教育数字化发展报告，2022.

与在线教育发展成就，提出了四点倡议，来自联合国教科文组织以及美国、英国、法国等近 20 个国家知名高校、平台、企业的 50 余位嘉宾和教育数字化专家发表了演讲。二是持续推动“慕课出海”。推动“爱课程”和“学堂在线”两个高校在线教学国际平台建设，为全球学习者开设超过千门英语等多语种国际课程，并提供配套的学习服务。指导和支持我国 34 所知名高校为印度尼西亚提供 104 门高水平慕课，支持印度尼西亚高校学生的在线学习。持续开展世界著名大学校长高端对话活动，开设全球融合式课堂，举办系列“全球公开课”。

### 3. 推动数字技术与职业教育深度融合

2022 年是职业教育数字化转型发展的关键之年。3 月份，坚持需求牵引，以“1 个职教大脑 · 数字驾驶舱系统、2 个二级平台、4 个子系统和 4 个分中心”为主体的国家职业教育智慧教育平台建构完成，全方位推动职教数字化。

第一，建成了资源共享的“国家职业教育智慧教育平台”。我国一直高度重视职业教育信息化建设，将其纳入职业教育改革发展规划等着力推进，设立了职业教育数字校园、信息化标杆校、专业教学资源库、精品在线开放课程、虚拟仿真实训基地等相关项目 20 余个，建成了资源共享的“国家职业教育智慧教育平台”，为推动数字技术与职业教育深度融合、提高数字化时代技术技能人才培养质量夯实了基础。目前，国家智慧教育公共服务平台（职业教育）上线专业教学资源库 1173 个，在线精品课 6700 余门，视频公开课 2200 余门，覆盖专业近 600 个，215 个示范性虚拟仿真实训基地培育项目分布全国，“助力培养技术技能人才，服务学生的全面发展和经济社会高质量发展”[①]。

---

① 中华人民共和国教育部 . 数字化赋能职业教育，2023.

第二,教育新基建逐步落地。高职院校人才培养工作状态数据采集与管理系统、中职学校学籍管理信息系统等网络信息系统，已实现本科层次、专科层次高职学校、中职学校数据采集全覆盖;203个国家级460个省级职业教育专业教学资源库、5000余门国家级省级校级精品在线课程、1个位于江西的国家职业教育虚拟仿真示范实训基地和215个职业教育示范性虚拟仿真实训基地培育项目等，积累了海量信息化资源，为职业教育加快迈入智慧教育阶段打下了基础;2010年起开始举办全国职业院校技能大赛教学能力比赛，显著提升了教师信息化教学的理念和应用能力。

第三，专业化的数据采集平台和职业教育专业教学资源库建设也成效显著。从2010年开始，教育部持续推动职业教育专业教学资源库建设。如今，203个国家级资源库建成，覆盖高职19个专业大类，应用稳步增长。接入国家级、省级专业教学资源库1173个，精品在线开放课程6757门，视频公开课2222门，汇聚各类资源610万余条，建设国家级职业教育示范性虚拟仿真实训基地培育项目215个。

第四，职教数字化扬帆出海，贡献“中国方案”。近年来，我国在“一带一路”国家开设鲁班工坊、举办中非职业教育合作与发展论坛等一系列国际交流活动。全国各地在欧、亚、非三大洲19个国家已相继建成20个“鲁班工坊”，为“一带一路”国家职业教育贡献了“中国方案”。职业教育走向世界的同时，也获得了世界的认可。2022年，联合国教科文组织正式批准在深圳职业技术学院设置职业技术教育数字化教席。这是目前全球唯一设置在高职院校的教科文组织教席，也是全球唯一的教科文组织职业技术教育数字化教席。

## （四）教育数字化转型中的问题与反思

### 1. 技术适配与师生数字素养的挑战

教育数字化转型在推进过程中面临诸多挑战，主要体现在区域技术资源配置、教师数字能力与培训，以及学生自律性与信息素养等关键方面。

教育数字化转型的核心在于技术基础设施的全面覆盖与高效运行。然而，中国区域间技术资源配置存在显著差异。在发达城市，多数学校已配备高速网络、智能终端设备及数字化教室，甚至引入人工智能、虚拟现实等前沿技术辅助教学。例如，部分一线城市的示范学校已实现“5G+ 智慧校园”全覆盖，师生可通过云端平台顺畅获取优质教育资源。与之形成鲜明对比的是，偏远地区及农村学校的技术基础较为薄弱。许多乡村学校虽配备基础电子设备，但受网络带宽不足、设备老化或维护缺失等因素制约，实际使用率较低。例如，一些山区学校虽建有计算机教室，却因网络信号不稳定或电力供应问题，设备长期闲置；部分农村地区的“双师课堂”项目，因网络延迟频繁中断，同步教学效果受到较大影响。这种区域性失衡不仅加剧了教育资源分配的不公平，也在城乡学生的数字化学习机会上造成了明显差距。

教师作为教育数字化转型的直接推动者，其数字能力与培训支持也面临严峻挑战。尽管数字化教学工具，如在线课堂平台、智能作业系统等逐渐普及，但许多教师，尤其是年长的教师或农村地区教师，对新技术工具的掌握程度有限。部分教师仅能完成基础操作，如使用 PPT 授课，对于数据分析、互动教学等功能缺乏深入应用。例如，某乡镇中学引入 AI 学情分析系统后，教师普遍反映“看不懂数据报告”，或“不知如何依据数据调整教学策略”，致使系统未能充分发挥作用。此外，教师数字化培训的覆盖面与实效性还有待提升。当前，培训多以短期集中授课为主，内容侧重于工具使用，缺乏与学科教学深度融合的实践指导。部分农村地区受经费或师资限制，培训机会较少，教师难以接触前沿教学模式。一项针对中西部教师的调研显示，超半数教师认为现有的培训“内容缺乏针对性”或“与实际教学脱节”。这种培训缺口既制约了教师的专业发展，也阻碍了数字化技术在课堂教学中的有效应用。

数字化教学为学生提供了灵活自主的学习环境，同时也对学生的自律性与信息素养提出了更高要求。在线学习场景下，学生需独立规划学习进度、抵御外界干扰并筛选有效信息。然而，许多学生，尤其是低龄段群体，普遍存在自律性不足的问题。例如，居家学习期间，部分学生因缺乏监督，频繁切换设备界面，将学习时间用于游戏或社交；一些高校在线课程的完课率不足 50%，凸显出学生自主学习动力的不足。与此同时，学生的信息素养短板也进一步加大了数字化学习的挑战。面对海量网络资源，部分学生缺乏批判性思维与信息筛选能力，容易陷入“信息过载”或依赖低质量内容。例如，一些中学生使用搜索引擎完成作业时，直接复制网络答案，未进行独立思考；大学生在科研中过度依赖二手资料，缺乏对原始文献的辨析能力。这种素养缺陷不仅会影响学习效果，还可能导致知识获取的浅层化与碎片化。

技术基础设施的区域性失衡、教师数字能力与培训缺口、学生自律性与信息素养短板，共同构成了教育数字化转型中的核心挑战。这些问题若不能有效解决，将导致数字化工具的形式化应用，甚至加剧教育不公平。未来需通过政策倾斜、分层培训与素养教育等手段，系统性弥合技术适配与师生能力间的鸿沟，真正释放数字化教育的潜力。

### 2. 数字资源与教育公平性的讨论

在教育数字化发展的大背景下，数字资源与教育公平性之间的关系备受关注。数字资源的广泛推广本应是促进教育公平的有力手段,但在实践过程中，诸多问题逐渐显现。

在许多地区，数字化资源存在硬件普及与有效应用严重脱节的情况。一些乡村学校在政策推动下配备了电子白板和平板电脑，却有可能因电力供应不稳定、网络支持不足，设备长期闲置，教师依旧依赖传统黑板教学，使得这些数字化工具仅仅成为应付检查的摆设，这一现象充分体现了表面覆盖与实质公平之间的矛盾。而经济条件差异进一步加剧了这种资源使用的失衡。在部分农村家庭，智能终端设备的购置费用以及网络资费成为沉重负担。有的家长因经济压力购买低价二手设备，致使学生在使用过程中频繁遭遇卡顿、故障；还有家庭因无力承担流量费用，限制孩子对在线教育资源的使用。这种经济门槛使得数字化资源难以真正做到普惠，技术赋能的美好愿景在现实中沦为“有设备却用不起”的困境。

从更深层次来看，教育领域存在的“数据鸿沟”不仅体现在设备与网络的物理层面，更在家庭支持、文化适应等隐性维度上有所体现。在一些偏远山区，留守儿童家庭教育支持匮乏，无法按时完成学习任务，家庭支持的差距导致相同的数字资源在不同群体中产生迥异效果。文化背景差异同样可能构成隐形的壁垒，在少数民族聚居区，标准化数字课程多以汉语为主，缺乏对地方语言和文化的适配。如某藏区中学引入全国统一的数学慕课，由于教师普通话水平有限，课程内容又未融入本地生活案例，学生理解程度远低于汉语授课班级，使数字化资源推广受阻，加深了边缘群体的学习障碍。此外，当前数字化教育资源建设多采用标准化模式，与不同群体的个性化需求产生冲突。在特殊教育领域，这一矛盾尤为突出。视障学生可用的盲文电子教材稀缺，多数在线课程未配备无障碍字幕、语音导航等功能，导致他们难以独立使用学习平台。在少数民族地区，由于双语教学视频、本土文化案例库等资源的匮乏，教师只能自行录制课程，但受技术与经费限制，内容质量参差不齐。这种资源供给的单一性与实际需求的多元性之间的矛盾，使得部分群体在数字化浪潮中越发边缘化。

综上所述，数字化资源在推动教育公平的进程中，虽展现出技术赋能的潜力，却也暴露出深层次的结构性矛盾。数据鸿沟的多维性警示我们，实现教育公平不能仅停留在设备分发层面，更要关注隐性支持体系的构建；资源同质化与需求多样性的冲突则要求制定更精细化的资源供给策略。未来，只有通过差异化政策设计、开发文化适应性资源以及给予弱势群体专项支持，才有可能实现从资源覆盖到教育公平的实质性跨越。

### 3. 数字化教学效果评估的难点

在教育数字化迅猛发展的当下，数字化教学效果评估已成为教育领域的核心议题。数字化教学给教育带来了诸多变革，但其效果评估却面临一系列复杂而棘手的问题，这些问题严重制约了数字化教学价值的充分彰显以及教育目标的有效达成。

数字化教学旨在培养学生的协作能力、创新思维等高阶素养，然而,传统以考试成绩为主的量化指标在这方面存在显著局限性。在数字化的学习环境中,学生通过在线协作工具完成小组项目、在虚拟实验室设计创新方案等实践成果，很难通过标准化考试进行精准衡量。教师为提高学生分数，可能会减少开放性任务，侧重于应试训练；学生则会选择“刷题”等快速提分方式，避开需要深度思考的学习活动。量化指标的局限性不仅削弱了数字化教学的价值导向，还使教育目标局限于知识记忆和机械应用。

数字化教学注重对学习过程的动态跟踪，然而过程性评价在数据采集与分析时面临技术与伦理的双重挑战。从技术层面来看,学习行为数据来源广泛且形式多样，整合难度极大。学生在在线平台的视频观看时长、论坛发言频率、作业修改轨迹等数据分散在不同系统中，缺乏统一标准和接口，教师难以全面描绘学生的学习状况。部分学校借助智能手环或摄像头监测学生课堂参与度，但由于设备精度欠佳、算法存在偏差，数据可靠性大打折扣。在伦理方面，学习行为数据的采集与使用极易引发隐私争议。比如，一些地区推行的“情感识别课堂监测系统”，通过分析学生面部表情评估学习状态，因涉及生物信息收集，遭到家长和法律专家的强烈反对，学生也普遍对“被监控”产生抵触情绪，甚至通过关闭摄像头、伪造学习记录等方式逃避数据采集。这一系列矛盾充分体现了过程性评价在提升教学效果与保护个人权益之间难以平衡的困境。

数字化教学常常涉及线上线下多个场景，然而评估体系的不连贯性使学习成果难以得到全面解读。在线学习平台记录学生视频观看进度、测验成绩，线下课堂关注学生讨论参与度和实践操作能力，但是两类数据缺乏有效关联。例如，有学生在线课程表现优异，但线下小组合作时因沟通能力不足无法推进任务；还有学生线下实验能力强，却因不适应在线测试被判定为“低成就”。这种割裂导致评估结果片面，无法全面反映学生的真实能力。而且，不同平台的数据孤立问题进一步增加了评估难度。部分学校同时使用多个厂商的在线教学工具、作业系统和考试平台，数据格式不兼容，教师需要手动导出、整理和比对信息，既耗费精力又容易出错。这种技术分散的状况不仅降低了评估效率，还可能因信息缺失导致决策失误。

综上所述，数字化教学效果评估的难点，根源在于教育目标的多元化与技术工具的局限性之间的矛盾。量化指标无法有效衡量高阶能力，过程性评价受数据质量与伦理争议的制约，跨场景评估因系统割裂而陷入碎片化。面对这些挑战，教育评估体系需要朝着更智能化、更人性化的方向发展。一方面，构建多维评估模型，将协作、创新等能力纳入评价范畴，采用档案袋评价、同伴互评等多种评价方式；另一方面，发展符合隐私规范的技术，借助联邦学习、边缘计算等技术实现数据“可用不可见”，平衡教学优化与隐私保护；同时，推动平台生态整合，通过教育数据中台打破信息壁垒，实现全场景学习数据的顺畅流通。只有通过技术创新与制度设计协同推进，才能有效解决评估难题，真正释放数字化教学的巨大价值。

# 四、教育数字化的关键技术

随着信息技术的持续发展，大量科技成果涌入生活，使日常生活更加便利，并改变了我们的思维方式。人工智能、元宇宙等技术可以为教师和学生提供工具，帮助教师创造更加多样化的学习环境，让他们不仅能够响应所学内容，还能够响应学习方式和学生的感受。

## （一）教育中的人工智能

2019 年 3 月，联合国教科文组织发布《教育中的人工智能：可持续发展的挑战和机遇》的报告，报告提出了 6 个挑战，包括制定全面的人工智能公关政策，确保人工智能教育的全面和公平，教师与人工智能教育的准备，构建开放、高质量、包容性强的教育数据系统，发挥人工智能教育研究的价值以及关注数据收集、使用和传播的伦理问题。这些挑战为我国发展人工智能教育提供了重要的理论指导和实践方向。

### 1. 人工智能的关键概念

（1）人工智能

人工智能（artificial intelligence, AI），在 1956 年达特茅斯会议上被首次正式提出，现已发展为计算机科学的一个分支。根据 IBM 的定义，人工智能是一种使计算机和机器能够模拟人类智能和解决问题能力的技术。人工智能本身或与其他技术（如传感器、地理定位、机器人）相结合，可以执行需要人工智能或干预的任务。数字助理、GPS 导航、自动驾驶汽车和生成人工智能工具（如 OpenAI 的 ChatGPT）只是人工智能在日常新闻和我们日常生活中的几个例子。

作为计算机科学的一个领域，人工智能包括（通常与）机器学习和深度学习。这些学科涉及人工智能算法的开发，该算法以人脑的决策过程为模型，可以从可用数据中“学习”，并随着时间的推移做出越来越准确的分类或预测。今天，生成人工智能不仅可以学习和合成人类语言，还可以学习和整合其他数据类型，包括图像、视频、软件代码，甚至分子结构。

（2）大数据

大数据领域是从统计学学科发展起来的，根据甲骨文公司《大数据的演进与数据平台的未来》中定义，大数据指高速（velocity）涌现的大量（volume）多样化（variety）数据，其特性可简单概括为“3V”。大数据的“大”首先体现在数据量上。这意味着你需要处理海量、低密度的非结构化数据。这些数据的价值可能是未知的，例如 Twitter 数据流、网页或移动应用点击流，以及设备传感器所捕获的数据等。在实际应用中，大数据的数据量通常高达数十 TB，甚至数百 PB。

大数据的“高速”指高速接收乃至处理数据——数据通常直接流入内存而非写入磁盘。在实际应用中，某些联网的智能产品需要实时或近乎实时地运行，要求基于数据实时评估和操作，而大数据只有具备“高速”特性才能满足这些要求。

多样化是指数据类型众多。通常来说，传统数据属于结构化数据，能够整齐地纳入关系数据库中。随着大数据的兴起，各种新的非结构化数据类型不断涌现，例如文本、音频和视频等，它们需要经过额外的预处理操作才能真正提供洞察性和支持性元数据。在过去几年中，大数据又新增了两个“V”特性：价值（value）和真实性（veracity）。首先，数据固然蕴含着价值，但是如果不通过适当方法将其价值挖掘出来，数据就毫无用处。其次，数据的真实性和可靠性也同样重要。

简而言之，大数据是指非常庞大、复杂的数据集，特别是来自新数据源的数据集，其规模之大令传统数据处理软件束手无策，却能帮助我们解决以往非常棘手的业务难题。

（3）算法

在今天的数字时代，算法是塑造技术和信息景观的隐形建筑师。这些复杂的规则和指令集几乎支撑着我们数字生活的方方面面，从搜索引擎对结果进行优先级排序的方式到社交媒体提要呈现内容的方式。算法的核心是一种有条理、循序渐进地解决问题或完成任务的过程。无论是简单的加法公式还是复杂的机器学习协议，算法都是软件应用程序的支柱，确保任务被高效执行。

（4）机器学习和深度学习

机器学习和深度学习是人工智能的子学科，深度学习是机器学习的子学科。机器学习和深度学习算法都使用神经网络从大量数据中“学习”。这些神经网络是以人脑的决策过程为模型的程序结构。它们由相互连接的节点层组成，这些节点从数据中提取特征并预测数据所代表的内容。机器学习和深度学习在使用的神经网络类型和所涉及的人工干预量方面有所不同。经典的机器学习算法使用具有输入层、一个或两个“隐藏”层和输出层的神经网络。通常，这些算法仅限于监督学习：数据需要由人类专家结构化或标记，以使算法能够从数据中提取特征。

深度学习算法使用深度神经网络——由一个输入层、三个或更多（但通常是数百个）隐藏层和一个输出层组成的网络。这些多层实现了无监督学习：它们自动从大型、未标记和非结构化的数据中集中提取特征。因为深度学习不需要人工干预，它本质上实现了大规模的机器学习。

（5）生成式人工智能

生成式人工智能指的是深度学习模型，它可以获取原始数据——比如维基百科的所有数据或伦勃朗的作品集——并在提示时“学习”生成统计上可能的输出。在高水平上，生成模型对其训练数据的简化表示进行编码，并从中提取数据，以创建与原始数据相似但不相同的新作品。2023 年大型语言模型（LLM）开始兴起，如 ChatGPT。有了这些新的生成式人工智能实践，深度学习模型可以在大量未标记的原始数据上进行预训练。

### 2. 全球人工智能教育研究概况

我国政府大力支持人工智能教育的发展，2017 年国务院印发《新一代人工智能发展规划》，指出要利用智能技术构建新型教育体系，进一步确立了人工智能教育的重要地位。“教育 AI”指的是通过 AI 技术加速人才培养模式和教学方法的改革，构建利用智能学习和互动学习的新教育体系，强调人工智能与教育的融合，目的是增强人工智能技术在教育领域的渗透和应用。

基于 AMiner 科技情报平台，本文选取教育人工智能领域主题词对 2015 年 1 月—2024 年 12 月的论文进行检索，挖掘到相关论文数量 1103 篇，该领域的研究学者 3808 人，机构数量 1979 家。可见论文数量自 2015 年起呈现逐步上升趋势，特别是在 2020 年后增长显著，数量由 99 篇激增至 186 篇，此后虽在 2022 年有小幅回落，但总体仍保持增长，至 2023 年达到最高值 293 篇。

学者数量同样自 2015 年起持续增长，2020 年数量从 338 人跃升至

908 人，增长速度加快。

机构数量从 2015 年至 2022 年持续增加，2023 年出现下降，由 527 家减少至 484 家，2019 年至 2020 年间是机构数量增长的关键时期。

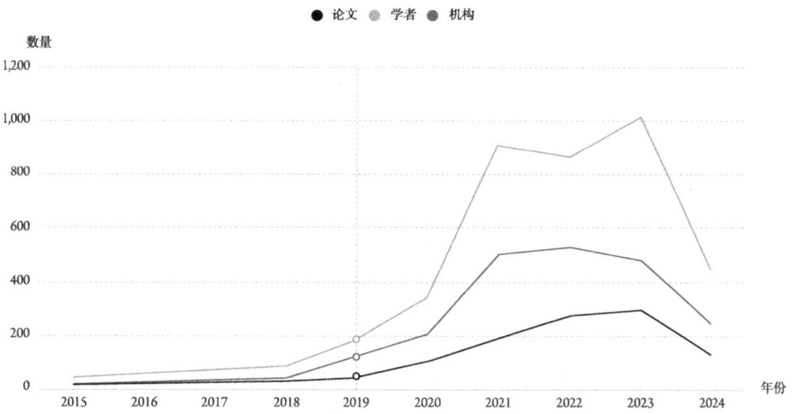


**图 4-1　人工智能教育领域论文情况**

资料来源：AMiner 科技情报平台

从地区发文趋势看，中国处于遥遥领先的地位，具有较高的研究活跃度，发文量在 2017 年至 2021 年间迅速增长，尤其在 2019 年至 2021 年间达到峰值，但在 2022 年出现明显下降。美国整体呈增长趋势，2019 年后增长速度加快。英国和西班牙的发文量较为稳定，而加拿大、澳大利亚和印度的波动较小。关键转折点方面，中国和美国分别在 2017 年、2019 年和 2021 年出现显著变化。在排名方面，中国从 2015 年的最后一名逐步上升至 2021 年的第 1 名，美国则始终保持排名前两位。

从地区发文排行看，美国、英国、加拿大和印度在研究质量上表现较好，平均被引用量均在 12 次以上。沙特阿拉伯虽然论文数量不多，但平均被引用量极高，研究影响力较大。西班牙、澳大利亚和韩国的研究活跃度一般，平均被引用量相对较低。意大利在研究活跃度和研究质量上均表现较低。

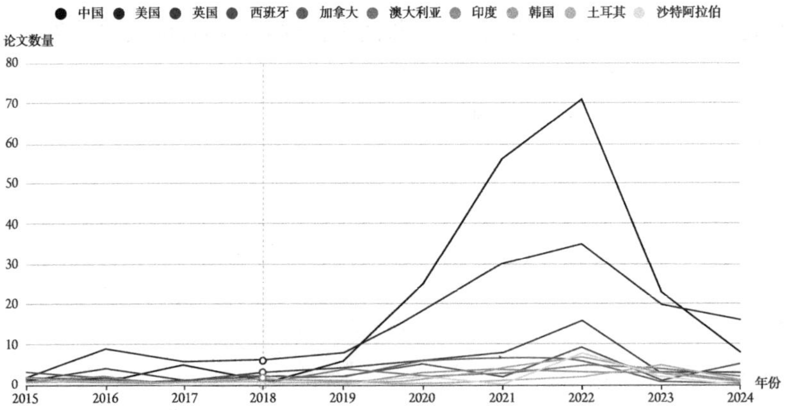


**图 4-2 人工智能教育领域地区发文趋势**

资料来源：AMiner 科技情报平台

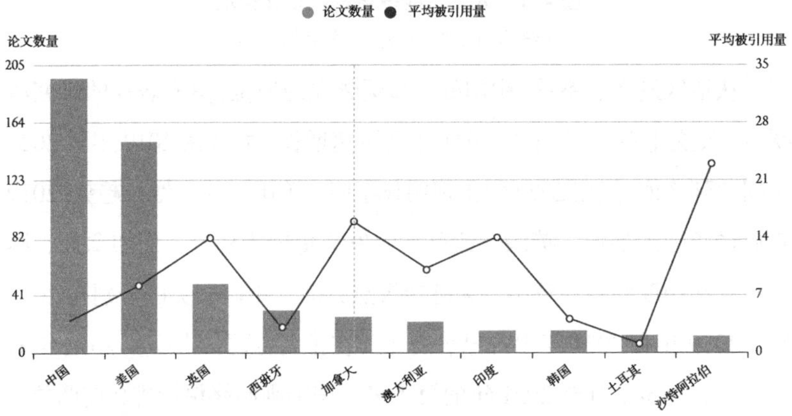


**图 4-3 人工智能教育领域地区发文排名**

资料来源：AMiner 科技情报平台

从技术领域热点看，“人工智能”是当前最热门的研究领域，相关论文数量高达 672 篇。其次，“机器学习”和“教育中的人工智能”等主题也受到广泛关注。在排名前十的话题中，与教育相关的主题占据多数，说明教育领域与人工智能技术结合的研究热度在不断上升。此外，“深度学习”“学习分析”和“大数据”等新兴技术领域也备受瞩目。整体来看，技术驱动下的教育改革与创新成为当前研究的一大趋势。

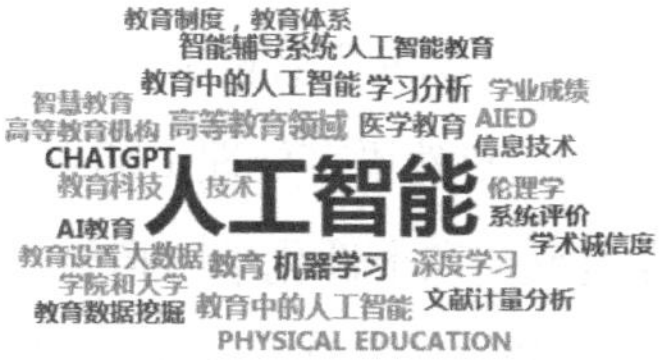


**图 4-4　研究热点词云图**

资料来源：AMiner 科技情报平台

### 3. 人工智能技术的应用场景

生成式人工智能系统通过机器学习算法和自然语言处理来响应用户给出的提示词，并生成各种格式的新内容，包括文字、图片、视频和代码等。随着生成式人工智能的不断发展，人工智能逐渐被应用于教育系统并影响着学生的学习方式和教师的教学流程。教育中的人工智能应用包括但不限于聊天机器人、智能辅导系统和教学评估系统等。在人工智能技术为教育领域带来便利和机遇的同时，也为教学方式和教育系统带来了潜在的变革和挑战。

（1）智能辅导与个性化评估

人工智能算法可以帮助学生更有效、更高效地学习，同时减少传统教学方法所需的时间和资源。有几种人工智能系统可用于可持续教育。一个例子是智能辅导系统，它使用人工智能算法分析学生数据并为每个学生创建个性化的学习体验。另一个典型的例子是人工智能技术还可用于绩效预测和实时监控学生的表现，以便提醒教师提供必要的干预。

在智能辅导系统的应用方面，早期智能辅导系统（ITS）研发的最初目标是模拟教学体验和交互体验。当今教育市场上许多 ITS 应用程序的共同特征包括对单个概念和技能的掌握学习、自定进度、个性化的教学内容、对学生学习进度的持续监控和评估以及对学生表现的自动反馈。随着近十年来多功能人工智能应用的出现，许多 ITS 都得到了人工智能的支持。例如，自然语言处理（NLP）可用作聊天机器人与学生互动，以提供即时反馈和个性化学习指导、规划和干预。从教育工作者的角度来看，ITS 的好处很多，例如为不同的学习者提供个性化和差异化的教学，从而引导教育过程的中心从教师转换为学生，增强学生在学习中的自主性。

人工智能技术还可以在评分反馈等过程中减轻教师的工作量，以便教师可以更加专注于教学本身。自动作文评分（AES）是人工智能在教育领域最成熟的应用之一。开发 AES 应用程序的主要动机是需要对学生的写作进行评分，包括大型大学课程的作业和测试以及许多高等教育机构招生过程中的入学考试。虽然早期的原始 AES 系统仅会返回整体写作质量的分数，但在人工智能技术的辅助下，最新的 AES 系统可以为学生提供基本反馈、修改指导和写作范本，以帮助学生改进他们的写作。大学中流行使用的 AES 系统包括教育考试服务（ETS）的 Criterion 在线写作评估服务、论文原创性检查（Turnitin）的 Revision Assistant、培生（Pearson）的 Write to Learn、语法修正（Grammarly）和求知（Chegg）的 WriteLab 等。

除了在大学中被用于学生能力评估，人工智能算法也被应用于更广泛的层面。美国教育科学研究所（IES）通过旗下的国家教育统计中心开展美国国家教育进展评估（NAEP）。这是美国规模最大的全国性代表性评估项目，针对美国学生的知识掌握情况和能力水平进行整体评价。与固定选项的题目相比，NAEP 采用开放式题目，从而更全面地衡量学生的理解程度和写作能力。然而，人工评分这些开放式题目不仅耗时，成本也很高。自动评分技术运用自然语言处理“预测”学生回答对应的人工评分。若自动评分足够准确，就能提高评分效率，更好地控制评分一致性，还能降低成本。

（2）师生协作

随着人工智能逐步踏入教育领域，它对师生协作的影响引发诸多思考。一方面，人工智能技术为教育带来诸多机遇，为学生创造个性化学习体验并凭借高效的评估能力与自适应反馈助力教学。如美国的一项调查显示，超半数 K-12 教师使用过 ChatGPT，不少教师将它用于备课、构思课堂创意及构建知识体系，且 73% 的教师认可它能帮助学生学得更多，还有四分之三的教师觉得它有利于自身专业成长。这表明人工智能可成为教师教学、学生学习的有力辅助工具，拓展学生的知识获取渠道，提升教师的教学准备效率。

然而，人工智能技术带来的负面影响同样不容忽视。首当其冲的是对师生关系的冲击，随着技术的渗透，传统的师生人际联系有被淡化的风险。过度依赖人工智能还可能削弱师生间面对面的情感交流，阻碍学生社会情感技能的发展与课堂协作意识的形成。

与此同时，面对人工智能应用可能带来的不良影响，部分教育工作者选择在教学章程中直接禁止使用任何 AI 工具；而另一些教师则积极探寻替代性的作业形式，诸如安排实地考察，让学生直接获取一手经验；开展基于课程的开放式讨论和演讲，培养学生交流合作的能力；引导学生使用专业的档案材料或付费内容，接触来源更为可靠的知识；甚至在合理的范围内使用人工智能，利用人工智能帮助学生更好地理解知识。现有的高等教育机构对人工智能的使用限制和章程规范主要包括披露和引用、学术诚信问题、教师自主权、数据隐私以及批判性评估几个方面。在披露与引用方面，众多大学明确要求学生若使用 AI 工具，必须在作品中清晰地披露使用情况，并按照特定学术引用规范对来源加以标注，如使用方式、细节，包括模型、软件名称及版本、使用时间等。涉及辅助生成内容时也要明确生成过程并在相应位置标注。其次，将 AI 生成内容完全当作自己原创被各大学视作严重学术不端行为。教师在 AI 使用管理中拥有一定的自主权。教授可依据课程特点，制定 AI 使用规则，明确允许或限制的应用场景。数据隐私问题同样受到关注。学生在使用 AI 工具时,被警示要谨慎对待个人敏感信息录入，避免因在不可信平台输入敏感信息，导致个人数据泄露，危害自身权益。对于 AI 生成信息，教师应着重培养学生批判性思维。学生不能盲目接受 AI 生成内容，而应运用所学知识和批判性思维能力，对其准确性、可靠性进行核实评估。这促使学生在借助 AI 工具时，保持独立思考，提升信息辨别能力，防止被错误信息误导。这些教育机构提出的新的管理条例和教学形式还处于探索阶段，力求在教育与科技之间找到新的平衡。

人工智能融入教育领域是大势所趋，但必须谨慎对待。既要利用其优势推动教育革新，又要防范潜在问题，制定严格的准则以保障教育公平性和学生权益。全方位考量人工智能在教育中的角色定位，才能确保教育的本质与育人功能不被侵蚀。

### 4. 人工智能在教育领域的积极影响

人工智能的革命已经开始了,几乎蔓延到我们生活的方方面面。正如我们所看到的，人工智能在教育中已经无处不在：智能书籍、搜索引擎、教育应用程序、学习平台等。东芬兰大学最近一项针对 200 多名芬兰四年级和七年级学生的研究结果强调了在学校进行人工智能教育的重要性，教育技术和课程活动促进了人工智能时代儿童的能动性、理解力和道德意识。

根据加拿大蒙特利尔大学蒂埃里·卡森蒂（2018）的研究，人工智能（AI）在教育领域的应用，带来了许多潜在的正面影响。以下是他总结的人工智能技术在教育领域的26项潜在的积极效果[①]。

（1）AI能够提供个性化学习体验。例如，通过使用UTIFEN等工具，我们可以看到AI在个性化教学方面的巨大优势。

（2）AI有助于提高学生的学业成绩，正如UTIFEN平台所展示的。

（3）AI可以自动批改某些类型的作业，这为教师节省了时间，让他们可以投入其他教学活动中。虽然目前自动批改作文等复杂任务的工具还不够完善，仍然需要人工干预，但自动批改工具的进步是惊人的。

（4）AI促进了对学习者进行持续评估的能力。利用AI创建的学习体验将能够追踪学习者在整个学习过程中的表现，并相对准确地了解他们在特定时间点的技能水平。

（5）AI可以帮助教师调整他们的课程内容。例如，慕课平台Coursera通过在许多学生对某个问题或作业给出错误答案时，向教师提供反馈来实现这一点。

（6）AI使得在远程学习平台中植入智能导师系统成为可能。随着远程学习变得更加普及，越来越多的平台开始使用智能导师，这对学习者和培训师来说是一个主要优势。

（7）AI改变了我们与信息互动的方式。例如，谷歌公司根据我们的地理位置或之前的搜索历史来调整搜索结果，亚马逊公司根据过去的购买历史推荐相关商品，苹果公司的Siri语音识别系统根据我们的需求和请求进行调整等。

---

① Karsenti, T. Intelligence artificielle en éducation : L'urgence de préparer les futurs enseignants aujourd'hui pour l'école de demain ? 2018.

（8）AI 增加了学习者获得反馈的可能性。以 UTIFEN 平台为例，学习者能够从平台上接收与他们的学习过程相关的个性化文本消息。利用人工智能，反馈不仅可以个性化，而且可以更快、更频繁地提供。

（9）AI 正在使学习内容的适应性变得更加容易。例如，出版巨头培生[①]（Pearson）和麦格劳 - 希尔（McGraw-Hill）[②] 出版的数字书籍就利用了这一点。这些数字书籍通过 AI 技术，能够根据学习者的需求和学习进度调整内容，提供更加个性化的学习体验。

（10）AI 增强了学习者之间交流和合作的可能性。这意味着，通过 AI 技术，学习者可以更容易地相互沟通，共同完成任务，提高学习效率和质量。

（11）AI 技术使得学习者与学习内容之间的互动变得更加丰富和有效。这一点尤其体现在与聊天机器人（chatbots）的交互上，这些聊天机器人就像是连接在家庭中的智能音箱（如 HomePod、Amazon Echo、Google Home），它们能够理解用户的语言，并据此做出回应。

（12）AI 可以改变教师的工作方式。例如，它可以使教师的角色转变为促进者，而不是单纯的内容传递者。然而，我们也不应自欺欺人：教师在学校中的角色依然至关重要，使用人工智能只是为了辅助他们完成复杂的工作任务。

（13）AI 在教育领域可以发挥许多积极作用。首先，AI 能够提供个性化的家庭作业辅导，帮助学生应对学习挑战。例如，Allô prof12 平台，一个专注于家庭作业辅导超过 20 年的平台，已经通过 AI 技术来提升其服务水平。

---

① 培生（Pearson）：培生是全球最大的教育出版集团之一，提供各种教育服务和产品，包括教科书、在线课程、测试和评估工具等。

② 麦格劳–希尔（McGraw-Hill）：麦格劳–希尔是美国一家知名的出版公司，主要业务包括出版教育、财经和工程领域的书籍，也提供在线学习平台和资源。

（14）AI 也可以帮助人们学习更多，并且能使重复性的练习变得更加愉快和个性化。AI 技术能够根据个人的学习习惯和进度，提供定制化的学习内容和练习，从而提高学习效率和兴趣。

（15）AI 可以促进沉浸式技术在教育中的应用，例如虚拟学习环境或虚拟世界。在教育领域使用游戏《刺客信条》可以让年轻人在虚拟环境中学习历史，甚至成为历史事件的主角。沉浸式技术使学习者能够体验更丰富、更互动的经历，目的是直接促进他们的学习。

（16）AI 通过分析收集到的学生数据，可以帮助学校预防学生辍学。利用 AI，学校能够更快地识别出有辍学风险的学生，并及时地为这些学生提供适当的帮助，从而在问题变得严重之前就采取措施。

（17）AI 有可能进一步推动远程教育的普及。这意味着，学习者能够随时随地进行学习，同时还可以接受定制化的教育内容。Duolingo 就是这方面的一个出色例子，它通过人工智能为语言学习提供了便利。

（18）AI 有可能促进学习者自主性的提高，这是学校教育的一个重要目标。自主性指的是学习者在学习过程中能够独立思考、自我管理和自我激励的能力。通过利用人工智能，可以为学习者提供个性化的学习计划、实时反馈以及适应不同学习风格的资源，从而帮助他们更好地掌握知识和提升技能。

（19）AI 不仅能帮助管理学生的课堂活动，还能促进他们的学业参与度。至少，Classcraft 团队正致力于实现这一目标。Classcraft 是一个教育平台，它通过游戏化的学习环境来激励学生参与课堂活动，同时利用 AI 技术来简化教师的管理工作。

（20）AI 可以增强教学中的游戏化（gamification）可能性，这直接有助于提高学习者的参与度。游戏化是指将游戏设计元素应用到非游戏环境中，以激发用户的兴趣和参与度。在教育领域，通过使用 AI 技术，可以创造更加吸引人的学习体验，比如通过智能算法来个性化学习路径、提供即时反馈、设计互动挑战等，从而更好地吸引学习者，让他们更加积极地参与到学习过程中。

（21）AI 可以简化学校行政工作，例如制作学生成绩报告单和管理学生的出勤记录等。

（22）AI 可以在一定程度上检测学习者的情绪，从而为教师提供重要的信息，帮助他们调整教学方法。通过分析学习者的语音、面部表情、行为等，AI 可以识别出学习者的情绪状态，如快乐、沮丧、焦虑等。这些信息对于教师来说非常宝贵，因为它们可以帮助教师了解学生的学习状态，进而调整教学内容、节奏和方式，以更好地满足每个学生的需求。

（23）在人工智能的帮助下，教育领域中数据的收集和存储变得极为重要。这不仅涉及伦理问题，还关系到教育本身的多个方面。通过收集和分析学生的学习数据，教育工作者可以更好地理解学生的学习习惯、进度和成效，从而提供更加个性化的教育体验。同时，这也涉及数据隐私和保护等伦理问题，因为这些数据往往包含个人敏感信息。

（24）人工智能通过定制化的学习工具、辅助技术或其他适应性服务，可以帮助那些在学习上遇到困难的学生，比如有学习障碍、身体残疾或特殊教育需求的学生。

（25）随着人工智能技术的发展，很多在教育领域被认为重要的任务将会被智能系统自动化处理。这意味着，AI 系统能够执行一些目前需要教师或者教育工作者手动完成的工作，比如批改作业、提供个性化学习建议等。

（26）随着人工智能技术的发展，人形机器人将越来越多地出现在教室中。它们的出现并不是为了取代老师，如某些好莱坞电影所暗示的那样，而是为了帮助老师完成有时非常复杂和耗时的教学任务。

### 5. 人工智能技术的潜在挑战

随着人工智能在教育领域和学生群体中的不断流行，对应的挑战和人工智能可能隐藏的风险也引起了教学机构的注意，并进一步引发了针对人工智能在学习中应用的限制条例及管理政策。

由于人工智能系统的机器学习算法本身有存在偏差的可能性，当训练模型时提供的或由系统自动抓取的数据本身存在偏见和局限性时，人工智能系统的最终决策可能会放大已经存在的偏见，从而产生新的恶性循环。因此，教育机构在作业评分、学生表现评估及招生录取等领域使用基于人工智能的教学评估工具时，当前评估系统中已经存在的偏见有可能会影响人工智能系统的评估决策，甚至可能引入新类型的偏见。当基于以往数据的有偏见的算法影响到系统决策时，可能会影响决策的公正性并使评价缺乏同理心和个性化。因此，教育机构应在进行模型训练时尽可能提供全面的数据，并避免对人工智能评估系统的过度依赖。

除了在教育评估系统中可能带来的偏差，人工智能在辅助学生学习时也为教育领域带来了诸多挑战与变革。一方面，人工智能工具存在着可能提供虚假信息这一不容忽视的弊端。由于人工智能依赖互联网上可搜索到的免费提供的内容，这就导致了所提供信息的可靠性和深度极为有限。尤为突出的是“人工智能幻觉”现象，即人工智能能够运用看似令人信服的语言，编造出与主题不相关、事实上完全错误或不存在的信息，给使用者带来极大误导。此外，由于缺乏规范的引用，以及无法获取付费的订阅内容，进一步削弱了人工智能在提供学术信息时的质量。

另一方面，为应对人工智能在教育场景中引发的抄袭等问题，一系列解决方案应运而生。如今市面上已经出现了专门用于检测 AI 生成写作的工具和程序。例如，GPTZero 是一款专门用于检测文本是否由 AI

生成的工具，具备强大的兼容性，能够精准识别文本是否由AI生成。此外，Turnitin作为一款广泛应用于海外高校的在线文本查重和剽窃检测工具，已经在原本的相似性报告基础上引入了AI写作检测功能。报告中不仅可以检测常规的抄袭内容，还可以给出一个表明该文档由AI工具生成的可能性的总体百分比。诚然，这些AI检测工具也存在一定局限性，例如可能无法准确地识别由最新的AI算法生成的文本或存在误判或漏判的情况。但总体而言，这些工具为教育工作者评判学生作业的原创性提供了有力的依据。

## （二）教育中的元宇宙

2023年，工信部、教育部等五部门联合印发《元宇宙产业创新发展三年行动计划（2023—2025年）》，其中强调，“推进构建虚拟教室、虚拟实验室等教育教学环境，鼓励通过平台共享虚拟仿真实验实训资源，扩大优质教育资源覆盖面”。作为最重要的应用领域之一，教育元宇宙正加速发展，逐渐走进更多人的视野。

### 1. 元宇宙的关键概念

“元宇宙”本是源自科幻小说和电影的概念，由“meta”（超越）和“universe”（宇宙）组成，即“超越宇宙的世界”。牛津词典将它定义为一个虚拟现实（VR）空间，用户可在其中与电脑生成的环境和其他人交流互动。《维基百科》对元宇宙的定义是：“通过虚拟增强的物理现实，呈现收敛性和物理持久性特征的、基于未来互联网的、具有链接感知和共享特征的3D虚拟空间。”亚马逊的AWS（Amazon Web Services）网站将它定义为：“元宇宙就是现实世界中的所有人和事都被数字化投射到一个云端世界里。你可以在这个世界里做任何你在真实世界中想做的事。”Roblox 首席执行官戴维·巴舒基提出了“元宇宙”所需具备的八要素，包括独立身份、社交好友、高沉浸、低延迟、多样性、随时随地、经济系统、文明。

华子荀、黄慕雄（2021）认为教育元宇宙（Edu-Metaverse）可以理解为元宇宙的教育应用，它为教师、学生、管理者等相关者创建数字身份，在虚拟世界中开拓正式与非正式的教学场所，并允许师生在虚拟的教学场所进行互动。从教育哲学的角度思考元宇宙，可以发现其最突出的赋能优势是为教师与学生创设了一种沉浸式的教学互动场域。教育元宇宙的场域突破了物理世界的局限，通过网络教学空间营造了一个新的虚拟教育世界，使得教师和学生可以在物理和虚拟世界 同时获得现实和虚拟教学需求的满足，两者在本质上是相互影响、相互联系、共同发展的。但教育元宇宙中的虚拟世界并不是对物理世界的简单复制，也不是另一个物理世界的“平行宇宙”，而是对物理世界的一种再开发。它所具有的媒体赋能特点可以补充物理世界的缺憾，甚至在某些维度能超越物理世界的限制，形成一种特殊的教育元宇宙场域，赋能教育元宇宙发挥出整体的场域效应①。

根据智研咨询发布的《2024 年中国元宇宙 + 教育市场专题研究报告》，教育元宇宙是元宇宙在教育领域的应用，即在利用元宇宙技术创建的、虚实融合的场景下进行教育活动，具有“沉浸体验、网络社交、群体创造、虚实共生”等主要特征。对于不同领域的元宇宙系统（如教育教学系统、旅游体验系统、博物馆展示系统等）来说，其物理层、软件层、数据层 3 层的架构具有相似性，不同之处在于应用层的软件生态构成存在差异。例如，教育教学系统的软件生态包含科学教育、技

① 华子荀，黄慕雄. 教育元宇宙的教学场域架构、关键技术与实验研究.现代远程教育研究，2021.

能培训、专业教育、教学质量评估等细分功能性软件[①]。元宇宙技术的融入将从多方面赋能教育行业高质量发展。首先，元宇宙为教育新基建建设提供了新方向。其次，元宇宙为高质量的教育教学提供新动力。再次，元宇宙为学习过程提供了全景式新场域。最后，元宇宙为未来虚实融合的学习提供了新方式。

教育元宇宙的关键技术不仅继承了元宇宙的所有技术，而且也需要提供促进教与学的关键技术。随着科技的发展，各种数字化技术不断更新迭代，教育元宇宙技术体系也在不断演进中，将融合多种新兴技术，为用户提供虚拟空间与现实空间的实时交互与深度沉浸。教育元宇宙核心技术包括三维建模技术、人工智能技术、交互技术、区块链技术、物联网技术和学习分析技术等。

### 2. 全球教育元宇宙研究概况

近年来，我国相关部门出台了一系列政策文件，如《关于加快推进教育现代化发展数字教育的指导意见》等，明确了教育元宇宙的战略地位和发展方向。

基于 AMiner 科技情报平台，本文选取教育元宇宙领域主题词对 2015 年 1 月—2024 年 12 月的论文进行检索，挖掘到相关论文数量 155 篇，该领域的研究学者 481 人，机构数量 243 家。论文、学者和机构数量在 2017 年至 2023 年期间均呈现出不同程度的增长趋势。其中，论文数量在 2021 年经历了异常下降，但在 2023 年迅速回升至最高值 87 篇；学者数量在 2021 年激增，并在 2023 年达到峰值 293 人；机构数量亦在 2021 年出现关键增长，2023 年达到最大值 132 个。整体来看，这 3 类数据的关键转折点主要集中于 2021 年和 2023 年。

---

① 智研咨询. 2024 年中国元宇宙 + 教育市场专题研究报告，2024.

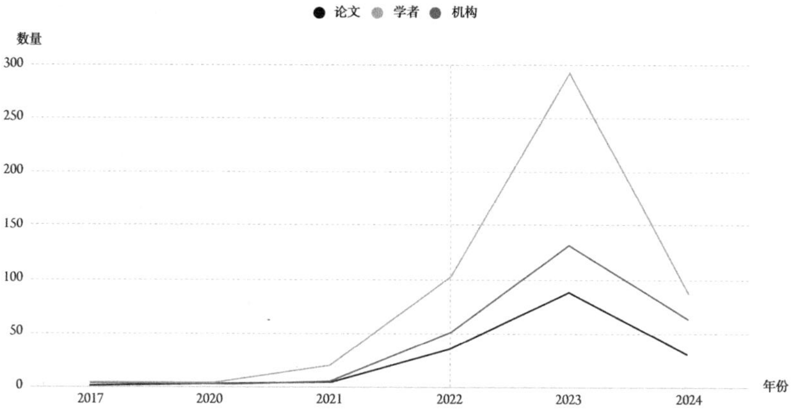


**图 4-5　教育元宇宙领域论文情况**

资料来源：AMiner 科技情报平台

从地区发文趋势看，中国和韩国从 2018 年开始发文量骤增，中国更是在 2021 年达到峰值，排名从第 5 名跃升至第 2 名。美国在 2019 年至 2024 年间发文量稳定增长，位居前 5。英国在 2019 年至 2021 年间发文量上升，但 2022 年有所下降，排名从第 1 名跌至第 2 名。阿拉伯联合酋长国在 2019 年至 2020 年间活跃，但 2021 年后无发表，排名跌出前 5。其他如西班牙、哥伦比亚、俄罗斯和澳大利亚在近年有发文，但数量较少。马来西亚在 2019 年发表后数量下降。整体而言，各国发文量变化明显，排名波动较大。

从地区发文排名看，对比各类型数据，“中国”尽管论文数量最多，但平均被引用量低于“马来西亚”。相反，“韩国”和“美国”尽管论文数量较多，但平均被引用量为 0 或较低，表明研究质量有待提高。多数其他国家的研究活跃度和研究质量均较低。“哥伦比亚”在活跃度一般的情况下，平均被引用量相对较高，显示出其研究的潜在影响力。总体而言，“马来西亚”以高研究质量和低研究活跃度区别于其他地区，“中国”则在两项指标上均表现出中等以上的水平。

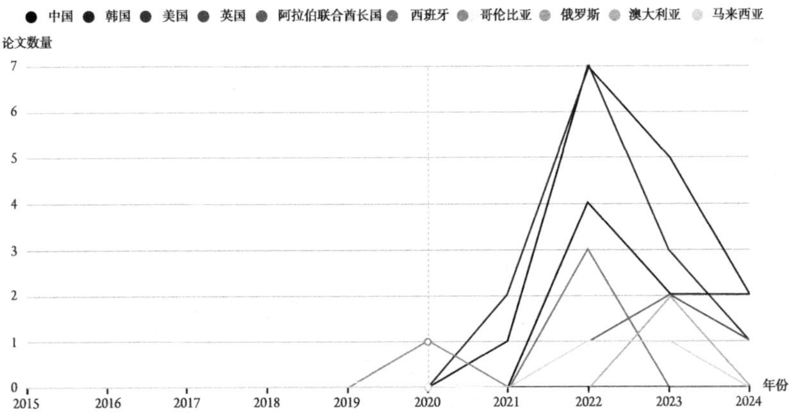


**图 4-6 教育元宇宙地区发文趋势**

资料来源：AMiner 科技情报平台

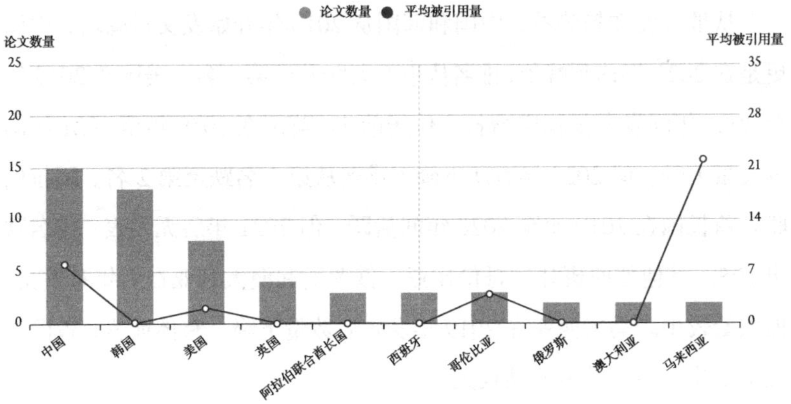


**图 4-7 教育元宇宙地区发文排名**

资料来源：AMiner 科技情报平台

从技术领域热点看，以“元宇宙”相关研究为焦点的论文共有 66 篇，其次是关于“虚拟真实”的研究论文有 22 篇。增强现实、教育及其在高等教育领域的应用也是研究的热点。排名前 10 的主题涵盖了从前沿技术到其在教育和学习领域的应用，反映了当前学术研究的主要趋势和核心概念。

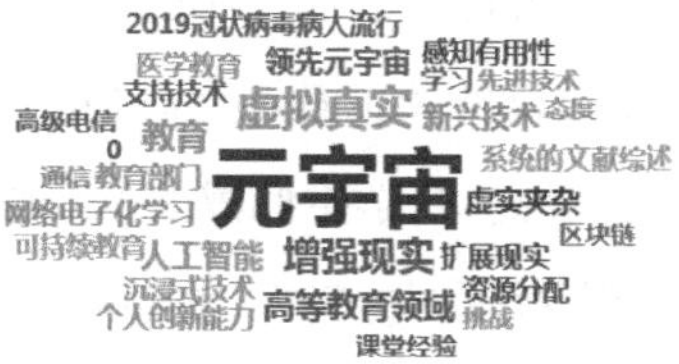


**图 4-8　教育元宇宙技术领域热点**

资料来源：AMiner 科技情报平台

### 3. 元宇宙在教育领域的应用场景

元宇宙是一个虚拟世界，用户以虚拟形象（即“化身”）的形式在其中购物、社交、参与休闲活动，甚至学习。元宇宙的发展已成为许多科技公司的优先事项。元宇宙将如何彻底改变生活，教育是其中的一个关键焦点，学习将变成一种沉浸式的体验。元宇宙在 9 种不同的学习场景中应用，包括虚拟学习、协作学习、混合学习、游戏化学习等。虚拟学习是最常见的场景，其次是协作学习和混合学习，以下是一些关键的应用方向和案例：

**沉浸式学习体验。**元宇宙技术可以创建高度逼真的虚拟教室和学习环境，提供沉浸式的学习体验。元宇宙将如何吸引开发人员和创意人员来构建新的教学环境，采用“寓教于乐”的方式，例如，游戏通过教育和娱乐的结合来促进学习，通过戴上眼镜或头戴式设备，学生可以虚拟地“传送”到任何地方或时间。他们可以将任何物体——一颗行星、一个人体器官、一辆汽车引擎——带到他们面前，以便学习相关知识。学生可以通过元宇宙技术穿越到历史场景中，亲身体验历史事件，这种沉浸式学习可以极大地提高他们的学习兴趣和效果。

**虚拟实训。**元宇宙技术可以大大节省教育成本，特别是在需要昂贵设备和资源的领域。例如，广东轻工职业技术学院打造了“3D 数字工匠”协同育人实训平台，将学校的线下实训平台“搬”到线上 3D 虚拟空间，深度赋能职业院校智慧教学。在这个虚拟的3D实训空间内，三维建模技术将各种专业设备及工具进行高精度还原，并将实训平台嵌入学校的数字化课程资源。当学生们戴上VR眼镜，进入到这个虚拟3D实训教学空间中，能够沉浸式、720°浏览各种工艺设备的3D立体模型，熟悉设备的使用方法，更有针对性地学习实际的生产加工工艺，提高职业岗位技能。而通过这种方式，学校也能减少实际实训过程中对设备的损耗，延长设备使用寿命。

**虚拟校园。**2020年，美国达文波特大学使用Virbela建立了一个定制的虚拟校园“Davenport Global”。Virbela是第一个专为解决远程协作挑战而构建的虚拟世界平台，用户可以在该平台建立自己的身份，在身临其境般的三维世界中召开会议、举办活动、参与课程等。这个虚拟校园保持了物理校园的课堂文化和实践体验，如互动礼堂、演示屏幕、私人补习室和自由空间内的社交、学习等，使学生获得了如同真实校园一般的归属感。在Virbela的虚拟校园中，教师可以展示文档、播放视频、浏览网页或重新装饰学习空间，学生可以探索校园的学习区、会议室或参加活动，从而通过在线课程学习形成社区和文化意识[①]。

**智慧管理。**北京理工大学发布的2023年本科录取通知书内含了北理工的“元宇宙”空间，这也是全国首个“元宇宙”录取通知书。在北理工2023年本科录取通知书上，极具科幻感的银灰色外壳上的镭射图案构成了一扇神秘“门”，取下可拆卸的校徽，便可开启北理工的“元宇宙”世界。通过扫描元宇宙二维码，就可进入北理工“元宇宙”空间，沉浸式游览北理工校园。北理工“元宇宙”校园包含了北京理工大学延安老校区、良乡校区的3D虚拟校园，以1∶1的比例还原了校

① 蔡苏，焦新月，宋伯钧.打开教育的另一扇门——教育元宇宙的应用、挑战与展望.现代教育技术，2022.

园场景，包括徐特立图书馆、行政楼、北湖等地标，学生们在还没进入校园之前就能够实现身临其境参观校园的梦想。

**虚拟实验室。**元宇宙技术被用于创建虚拟实验室，提供更加丰富且个性化的学习体验。传统课堂教学实验通常以教师演示实验、学生分组实验为主，虽然实验是真实的，但实验内部的原理难以可视化，难以为学生提供感性的实验情境。虚拟实验室就能克服传统实验过于抽象、理性的特征，如学习者可在数学、物理、化学、生理实验室探索电磁场的规律、物质的分子结构、解剖动物或人体，以及通过动态 3D 模型探讨数学知识，或在历史、地理、美术、天文体验馆实地探索兵马俑、攀登珠穆朗玛峰，“深入”《清明上河图》体验北宋市井生活和模拟太阳系八大行星运动①。

**智慧教学和管理平台。**元宇宙技术可以用于构建智慧教室和实验室，通过加装智能终端设备提升教学效率和管理效能。国家虚拟仿真实验教学平台是一个典型的应用案例。许多中小学依据此平台创建的虚拟空间进行仿真实验，内容涵盖数学、物理、化学等多个学科。学生通过 VR/AR 眼镜或者平板电脑就可以在仿真的情境中进行立体几何、电磁现象、化学反应等实验，能够实时操作并清晰观察实验结果，既避免了资源浪费和实验危险性，又突破了时间和空间的限制，让学生可以随时随地进行实验操作②。

---

① 钟正，王俊等. 教育元宇宙的应用潜力与典型场景探析. 开放教育研究，2022.

② 王竹新、李心蓓等. 元宇宙赋能智慧学习空间的模型、应用与挑战. 中国教育信息化，2022.

### 4. 元宇宙在教育中的影响与挑战

根据艾哈迈德·特利利（Ahmed Tlili，2022）[①]等人的研究，元宇宙在教育中的应用可以扩展学习机会，解决现实世界中的问题，提高学生的学习动机和参与度，为学生提供更具创造性和定制化的学习体验。不同代际对元宇宙的接受和使用方式不同。研究显示，Y世代（1981—1994年出生）更倾向于协作学习，而Z世代（1995—2010年出生）更倾向于混合学习和移动学习。Y世代在使用虚拟现实和增强现实技术方面较为活跃，而Z世代和Alpha世代（2010—2025年出生）则更多地接触增强现实技术。随着技术的发展，不同代际的学生对元宇宙的适应性和偏好也在发生变化。

尽管元宇宙为教育提供了创新的机遇，但也带来了几个重要的挑战[②]。

（1）技术与设备

学习者和教师需要价格合理且设计精良的智能可穿戴设备才能进入元宇宙。尽管技术进步迅速，但目前的设备仍存在一些问题，如长时间使用后可能出现的网络延迟、视觉疲劳，以及设备成本较高等，这些问题可能会影响元宇宙在教育领域的广泛应用。需要开发更加先进、经济实惠的可穿戴设备，提高用户体验，降低使用成本。

（2）隐私和数据安全

在元宇宙中，数据是治理的基础，允许收集用户更详细的个人信息，如面部图像、生理状态（心率、血压、疾病等）、交易记录、消费记录等。保护这些数据，防止隐私泄露至关重要。此外，由于元宇宙

---

① Ahmed Tlili et alls Metaverse in education a blessing or a curse: the combined content and bibliometric analysis. Smart Learning Environments, 2022.

② Xinli Zhang, Yuchen Chen. the metaverse in education: Definition, framework, features, potential applications, challenges, and future research topics.Frontiers in Psychology, 2022.

的高度匿名性，年轻学习者更容易受到欺诈、监控和信息盗取等犯罪行为的影响，这可能会严重干扰他们的正常生活。因此，需要制定相关法律法规，明确用户行为规范，确保元宇宙环境的安全和秩序。

（3）伦理和道德

由于元宇宙的高度自由性，世界各地的用户都可以访问，这引发了一些新的伦理问题，如不同意识形态、数据窃取、种族问题、宗教冲突、欺凌和暴力等。这些问题可能会对不同国家、种族、宗教和性别的用户造成影响。因此，迫切需要建立一个有组织的元宇宙体系，制定明确的规则和生态系统，以应对这些挑战。

（4）成瘾问题

元宇宙的高度沉浸感和现实感，以及其中存在的各种场景和物品，可能会让学习者更容易沉迷于这个虚拟世界。特别是对于缺乏自律和自我控制能力的年轻学习者来说，他们可能会陷入一种虚假的精神满足状态，从而影响他们的身体健康和心理健康。因此，教师和家长需要对学习者进行适当的引导，避免过度沉迷。

（5）身份和社交互动

在元宇宙中，数字身份可以直接反映用户的自我形象，参与各种活动。随着现实世界和虚拟世界边界的模糊，用户可能会对自己的“真实自我”和“虚拟自我”感到困惑。此外，如果学习者过于依赖虚拟世界中的社交联系，他们可能会逐渐产生情感和社交障碍，难以在现实世界中建立社交关系。同时，虚拟世界中的NPC（Non-Player Character，游戏术语，指的是电子游戏中不受真人玩家操纵的游戏角色）教师可能会对现实教师的地位构成威胁。因此，社会、学校和家庭需要及时引导学习者，帮助他们正确认识现实与虚拟世界的关系，理性对待元宇宙，更多地关注现实世界的社交互动。

## （三）教育中的数字孪生

### 1. 数字孪生的相关概念

数字孪生（digital twin，DT）的概念是由美国密歇根大学教授迈克尔·格里弗斯（Michael Grieves）首先提出来的，格里弗斯将它称为“镜像空间模型”。数字孪生作为产品全生命周期管理的理想工具而被引入工业制造领域，被理解为一个包含所有物理孪生信息的虚拟系统[①]。

教育数字孪生是指利用数字孪生技术对教育领域的物理实体进行全方位数据采集、全面数字化建模、精准映射物理实体的实时动态信息，在虚拟空间中呈现物理实体，使教育领域中的所有参与者都能实时掌握教与学全过程的最真实状态，并能对教与学的历史数据进行溯源，对教与学的趋势进行预测，提出合理化的教与学建议，实现虚拟世界与现实世界的互联互通、融合共生和同生共长[②]。

### 2. 全球教育数字孪生研究概况

基于AMiner科技情报平台，本文选取教育数字孪生领域的主题词，对2015年1月—2024年12月的论文进行检索，挖掘到相关论文数量22篇，该领域的研究学者64人，机构数量27家。从2021年到2023年，论文数量、学者数量和机构数量均呈现显著增长。特别是学者数量的增长最为迅速，增长了1750%。论文数量在2023年达到峰值后，在2024年出现小幅度下降。机构数量在经过初期的增长后，在2023年到2024年间趋于稳定，没有进一步增加。整体来看，论文和学者数量的

---

① G R IEVES M. Digital twin:manufacturing excellence through virtual factory replication, 2021.

② 刁生富，孔湘莹. 教育领域数字孪生技术应用的伦理问题研究.，华南理工大学学报，2022 .

增长趋势明显，而机构数量的增长趋势在近年来有所放缓。

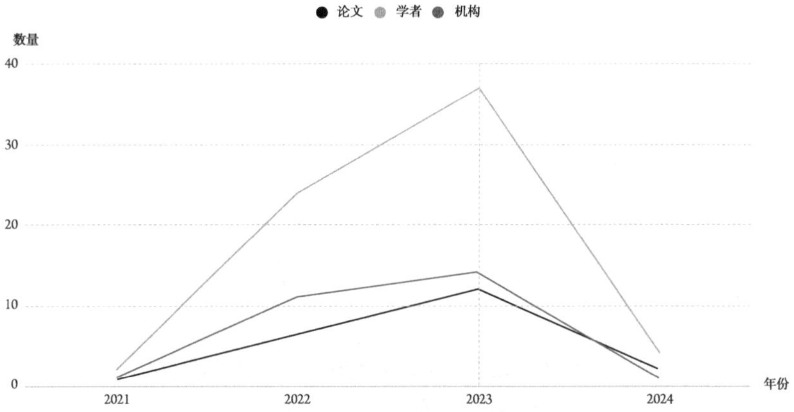


**图 4-9　教育数字孪生领域论文情况**

资料来源：AMiner 科技情报平台

各地区的发文趋势表明在 2015 至 2021 年间均无发文记录，而 2022 年和 2023 年成为明显的活动高峰期。其中，中国的发文量在 2023 年达到 2 篇，为所有地区中最高，其他国家则均为 1 篇。尽管大部分时间发文数量为零，但在 2022 年和 2023 年的发文活动中揭示了这些地区科研活动的关键时间点。整体上，没有显著的逐年增长或下降趋势，而是表现为特定年份的集中性发文。

从地区发文排名看，所有国家在研究活跃度上差异明显，中国发表了最多的论文，其余国家论文数量相等。然而，在研究质量方面，由于平均被引用量均为 0，无法反映研究质量的高低，表现出所有国家在这一维度上的等效性。这表明，虽然中国的研究活跃度较高，但在所给数据中可以看到，研究质量方面没有任何一个国家表现出明显的优势。

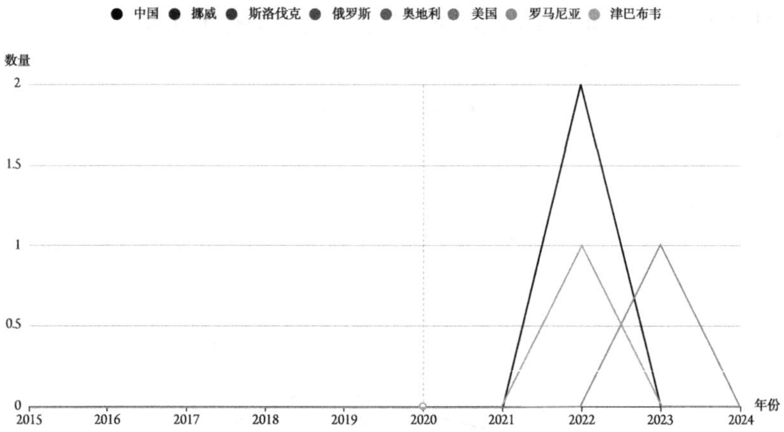


**图 4-10 教育数字孪生领域地区发文趋势**

资料来源：AMiner 科技情报平台

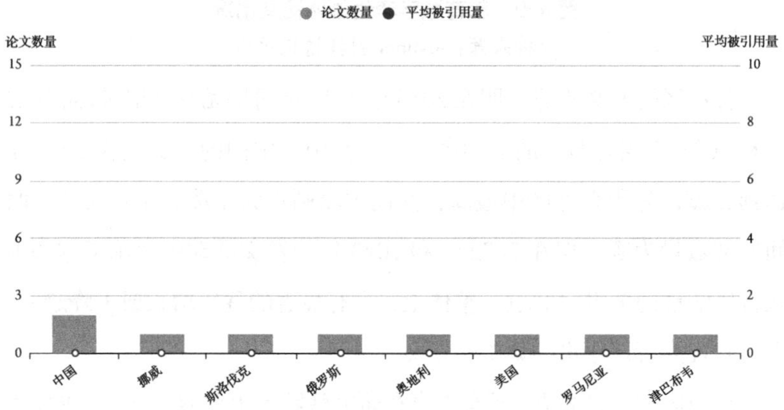


**图 4-11 教育数字孪生领域地区发文排名**

资料来源：AMiner 科技情报平台

从技术领域热点看，本研究的热点主题集中在数字孪生技术，相关论文量高达 10 篇，显示出该领域的研究热度。人工智能、信息物理系统、工业 4.0 和机器人学等主题也受到了广泛关注，每个主题相关论文数量为 2 篇。此外，敏捷方法论、分析表现和增强现实等领域也有涉及，但论文数量相对较少。区块链技术相关的论文 2 篇，表明该技术在当前数据集中的研究地位不容忽视。整体来看，技术类主题在当前数据中占据主导地位，研究热度分布不均。

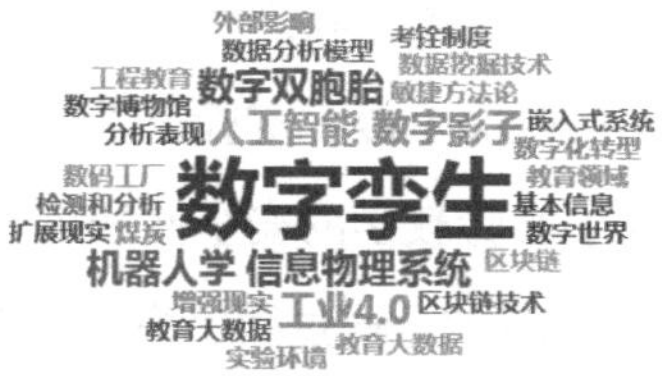


**图 4-12　教育数字孪生技术领域热点**

资料来源：AMiner 科技情报平台

## 3. 数字孪生在教育中的应用场景

数字孪生技术在教育领域的应用非常广泛，这些应用展示了数字孪生技术在教育领域的潜力，它们不仅能够提高教学效率和质量，还能为学生提供更加丰富和个性化的学习体验。

**智慧校园**。数字孪生技术可以用于构建智慧校园，实现校园环境的智能化管理和服务，提高校园管理效率和学生生活质量。当前，各大高校在推进数字化、绿色、节能型校园建设方面，主要采用智能计量系统构建的方式。这一方法借助传感技术和物联网平台等技术，实时、准确、全面地采集各类能耗数据，如水、电、油、气等，并进行集中化的可视化管理。因此，创建校园能耗系统的孪生模型将进一步实现对能耗的精细管理。在更大范围的数据闭环中，能耗管理将与教师的教学活动和学生的学习活动相互关联。在人工智能技术的辅助下，将深入挖掘潜在的能耗管理变量，并为管理者提供有针对性的解决策略。这一举措不仅将改变校园管理模式，还将建立起教学活动与校园能耗之间的科学联系，使管理者能更有效地解决能耗问题。这一过程不仅有助于提高校园能源利用效率，还有助于更好地理解和管理能耗数据[①]。

**虚拟仿真实验室**。通过数字孪生技术构建虚拟仿真实验室，学生可以在虚拟环境中进行实验操作，模拟真实实验场景。例如，学生可以在虚拟实验室中进行化学实验、物理实验等，通过交互式操作掌握实验技能。这种方式不仅解决了传统实验教学中设备成本高、实验场地受限等问题，还提高了实验教学的安全性和可及性。例如，瑞士应用科学大学的“智慧学习工厂”，通过数字孪生模拟制造流程，学生可反复调试参数并观察结果，显著提升实践能力。

**个性化学习路径规划**。数字孪生技术可以对学生的学习数据进行实时分析，形成全面、立体的学生画像。根据学生的学习进度、兴趣和能力，为他们推荐个性化的学习资源和学习路径。这种方式满足了学生的个性化学习需求，提高了学习效果和学习积极性。例如，重庆市两江新区博雅小学选择了一间常态教室进行“数字孪生”改造，师生每天在无感状态下录制上课视频，并生成每堂课的课堂智能反馈报告，AI可以从数据出发，精准、敏锐地指出教师在课堂上的优点以及待改进的地方。

**虚拟学习场景构建**。通过数字孪生技术构建虚拟学习场景，如虚拟农场、虚拟气象站等，学生可以在这些场景中进行沉浸式学习。例如，学生可以在虚拟农场中体验科技务农，开展跨学科项目化学习。这种方式提供了丰富的学习体验，激发了学生的学习兴趣和创造力。例如，浙江省杭州竺可桢学校打造技术赋能的生态农场，开发多种形式的劳动育人场域，建设智慧农场和竺可桢气象站，在生态教室里让学生体验、探索科技务农，开展跨学科项目化学习。

**教学过程分析与改进**。数字孪生技术可以对教学过程进行实时监

---

① 殷燕南.数字孪生下的职业教育数据挖掘教学应用模式探究，电脑校园，2024.

控和分析,生成课堂智能反馈报告。教师可以通过这些报告了解教学中的优点和不足，进行教学反思和改进。这种方式帮助教师提高了教学质量，促进了教师的专业发展。以重庆两江新区博雅小学的应用为例，博雅小学选择了一间常态教室进行“数字孪生”改造,师生每天在无感状态下录制上课视频，并生成每堂课的课堂智能反馈报告，AI 可以从数据出发，精准、敏锐地指出教师在课堂上的优点以及待改进的地方；教师们也可以在课堂智能反馈系统的辅助下，不断进行“问题诊断—策略匹配—干预实施—策略改进”的自适应学习，实现自主成长。

## （四）教育中的云计算

### 1. 云计算的相关概念

2006 年，自从谷歌（Google）公司的首席执行官埃里克—施密特（Eric Schmidt）在搜索引擎大会上首次提出“云计算”以来，云计算一直处于积极的研究状态。但是，对于云计算一直没有一个公认的定义。

IBM 对云计算的定义为:“云”是一个虚拟化的计算机资源池。它可以托管多种不同的工作负载，包括成批的后端作业和面向用户的交互式应用程序；通过快速提供虚拟机器或物理机器，迅速部署和增加工作负载；支持冗余、自我恢复且具有高可扩展性的编程模型，以使工作负载能够从多种不可避免的硬件 / 软件故障中进行恢复；实时监控资源使用情况，在需要时重新平衡资源分配①。

美国国家标准技术研究所在 2009 年将云计算定义为：云计算是一种模型，人们可以使用它来方便地按需通过网络访问一个可配置的计算资源（如网络、服务器、存储、应用和服务等）的共享池，只需最

① IBM 云计算白皮书中文版。

小化的管理工作量或服务提供商干预就可以快速地开通和释放资源①。

### 2. 全球教育云计算研究概况

基于 AMiner 科技情报平台，本文选取教育云计算领域主题词对 2015 年 1 月—2024 年 12 月的论文进行检索，挖掘到相关论文数量 166 篇，该领域的研究学者 410 人，机构数量 275 家。论文数量从 2018 年的低谷逐渐增长至 2022 年的高峰，随后出现两次下降；学者数量总体呈增长趋势，仅在 2023 年有所下降；机构数量在 2020 年和 2021 年达到高峰，2022 年急剧减少。这些数据的关键转折点主要出现在 2018 年至 2019 年、2022 年至 2023 年以及 2023 年至 2024 年，其中 2022 年的机构数量下降尤为显著。

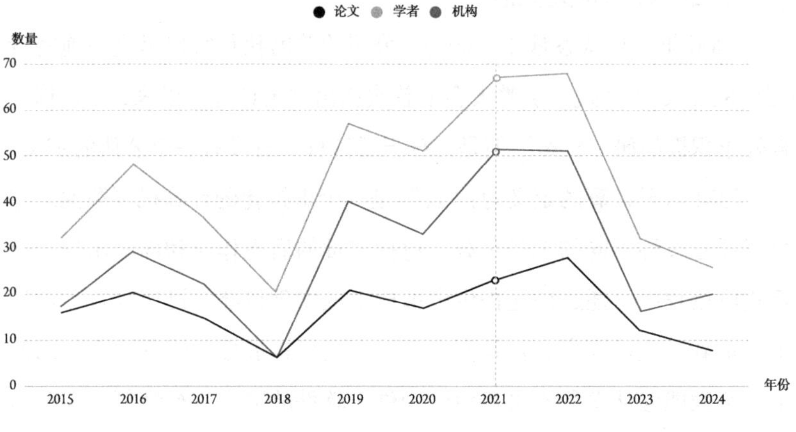


**图 4-13　教育云计算领域发文趋势**

资料来源：AMiner 科技情报平台

从地区发文趋势看，中国在论文发文量上呈现显著的增长趋势，尤其是在 2023 年达到峰值，成为发文量最高的国家。美国发文量整体下

① ［美］罗顿等著. 云计算架构解决方案设计手册. 北京：机械工业出版社，2012.

滑，尤其在2019年和2020年没有记录。沙特阿拉伯在早期领先，但自2018年后不再有发文。印度、马来西亚和巴基斯坦在某些年份表现出色，但未能维持其发文量。英国、韩国、西班牙和阿曼的发文量相对较少，没有明显的趋势。整体上，各国发文量分布和排名在这10年间发生了明显变化。

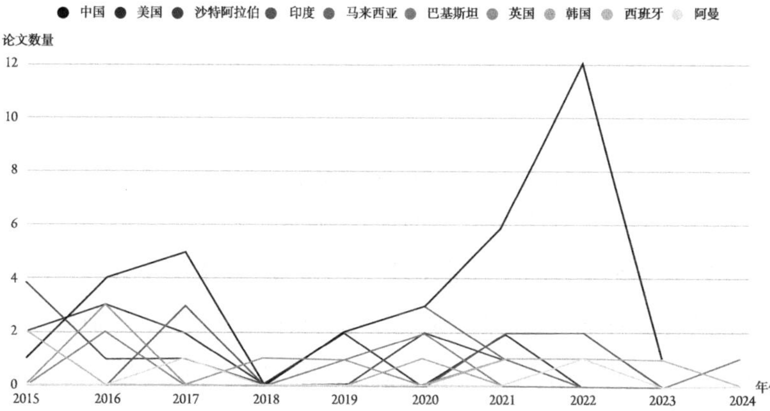


**图4-14 教育云计算领域地区发文趋势**

资料来源：AMiner科技情报平台

从地区发文排名看，中国在论文数量上表现最为活跃，而西班牙在平均被引用量上占据首位，显示出极高的研究质量。韩国虽然论文数量不多，但平均被引用量较高，表明其研究具有较大影响力。沙特阿拉伯和巴基斯坦的研究质量也相对较高。相比之下，美国、英国和马来西亚的研究活跃度及质量相对较低，尤其是阿曼，其平均被引用量为0，研究质量和活跃度均不理想。

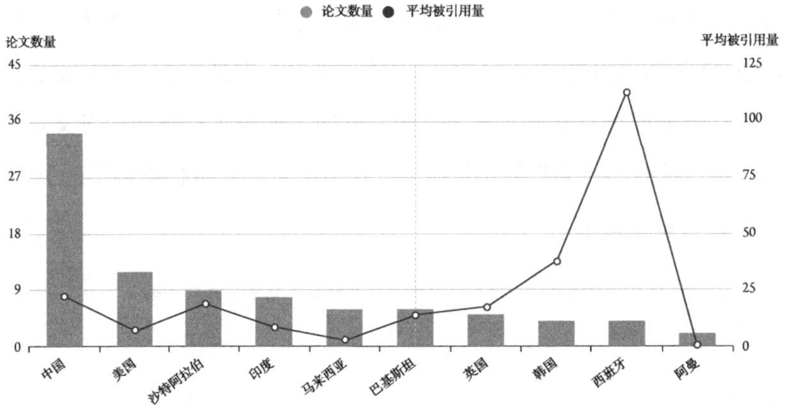


**图 4-15　教育云计算领域地区发文排名**

资料来源：AMiner 科技情报平台

从技术领域热点看，“云量计算”是当前最热门的研究领域，相关论文数量高达 71 篇，显著高于其他主题。教育相关研究，特别是与云计算技术结合的领域，也是研究焦点，论文量合计 31 篇。此外，“云计算技术”和“云服务”的研究正受到越来越多的关注，分别有 22 篇和 8 篇论文。其他如“网络电子化学习”“大数据”“人工智能”和“教育科技”等主题也展现出一定的研究热度。

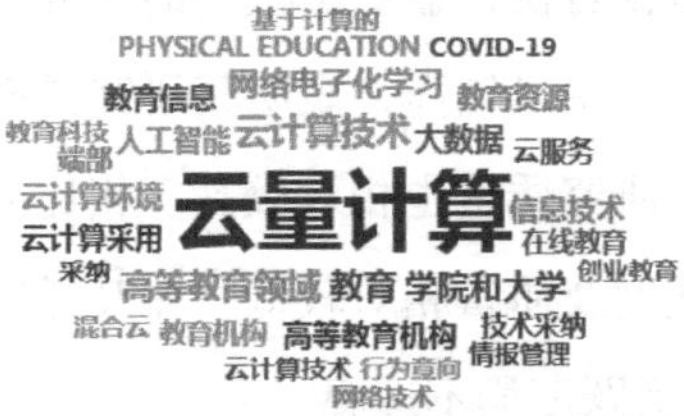


**图 4-16　教育云计算技术领域热点**

资料来源：AMiner 科技情报平台

### 3. 云计算技术在教育领域的应用场景

云计算技术在教育领域的应用非常广泛，以下是一些关键的应用场景和优势：

**数字图书馆。**基于云计算的图书馆服务，提供在线图书借阅和阅读服务，方便学生和教师查找和借阅图书。如今，在各类学校数字化资源共享平台建设过程中，主要包括网络接入设备、服务器以及终端设备更新以及系统日常维护和运行、设备采购等工作。客户端的多样化和低投入特点也使得云计算更容易进入学校，学校教师和学生可以通过利用自己的智能手机、个人计算机来访问云服务，这也极大地降低了学校建设数字教育资源共享平台的成本[①]。

**在线教育平台。**云计算为在线教育提供了强大的支持，使得在线教育平台能够轻松处理海量的教育资源，满足大规模学生的需求。例如，国家中小学智慧教育平台利用云计算技术，提供了大量的课程视频、电子教材、习题等资源，学生可以根据自己的学习进度和需求进行学习。这些平台通过提供视频教程、电子书、在线讨论等丰富的学习资源，打破了时间和空间的限制，使学生能够更加灵活地安排学习时间，提高学习效率。

**教育资源共享与管理。**学校可以通过云平台实现教学资源的集中管理和共享。例如，教师可以将自己制作的课件、教案等资源上传到云平台，供其他教师参考和使用，提高教学资源的利用效率，促进教师之间的交流与合作，有助于提升教学质量。同时，学生也可以在云平台上获取到丰富的学习资料，如电子图书、学术论文等。

**教育管理系统。**利用云计算技术搭建教育管理系统，可以实现学

---

① 张兴旺，李晨晖，秦晓珠. 基于云计算的数字化信息资源建设模型的研究. 情报、理论与实践，2011.

生学籍管理、成绩管理、课程安排等功能。例如，学校可以通过云平台快速查询和统计学生的学籍信息和成绩，方便教师和管理人员进行教学管理和决策，这样能够提高教育管理的效率和准确性，减少人工操作的烦琐性。

**虚拟实验与模拟教学**。通过云计算技术，可以搭建虚拟实验平台，为学生提供虚拟实验环境。例如，在物理、化学等实验课程中，学生可以通过虚拟实验平台进行实验操作、观察实验现象和完成实验报告。这种方式不仅能够满足实验教学的需求，还可以避免实验设备的损耗和实验危险，能够提供安全、便捷的实验教学环境，有助于培养学生的实践能力和创新思维。

**数据分析与个性化学习**。云计算技术可以收集和分析学生的学习数据，为教师提供教学决策支持，为学生提供个性化的学习建议。例如，通过分析学生的学习行为和成绩数据，教师可以了解学生的学习情况，及时调整教学策略；学生也可以根据系统提供的学习建议，有针对性地进行学习，有助于实现因材施教，提高教学效果和学生的学习成绩。

# 五、国内教育数字化的转型与探索

随着信息技术的飞速发展，尤其是互联网、大数据、人工智能等技术的广泛应用,中国的教育体系正在经历一场深刻的数字化转型。这一转型不仅体现在教育工具的更新换代上，更重要的是在教学模式、教学理念和教育资源配置等方面的全面变革。其最终目标是通过科技手段推动教育公平、提高教育质量，并探索个性化和灵活化的教育路径。

## （一）教育数字化转型的基本路径

中国教育的数字化转型是一个渐进的过程，涉及从传统的面对面教学向在线教育过渡,从在线教育到混合式教学模式的进一步探索,再到以智能学习平台为核心的个性化教育的实施。传统的面对面教学模式依赖于教师和学生在同一物理空间内的互动，这种模式虽然能够提供即时的反馈和丰富的互动，但也存在资源分配不均、地域限制等问题。随着互联网技术的发展,越来越多的学校和教育机构开始尝试在线教育，通过网络平台提供课程资源和互动工具，使得学生可以不受时间和地点的限制，随时随地进行学习。然而，纯在线教育也存在一些问题，如缺乏面对面的交流和互动，可能导致学生的学习效果打折扣。因此，许多教育机构开始探索混合式教学模式，将线上和线下教学有机结合，既保留了传统教学的优势，又充分发挥了在线教育的灵活性和便捷性。在这一过程中，智能学习平台的出现为个性化教育的实施提供了有力支持。这些平台通过大数据和人工智能技术，能够根据每个学生的学习情况和需求，提供个性化的学习资源和辅导，帮助学生更高效地掌握知识和技能。总之，中国教育的数字化转型是一个多阶段、多层次的过程，需要教育者、技术开发者和社会各界的共同努力，以实现更加公平、高效和个性化的教育目标。

## （二）从传统课堂到在线教育的转型

传统的教育模式在很大程度上依赖于面对面的课堂教学，这种模式不仅受到时间、地点和资源的限制，还存在一些固有的问题。例如，教师需要在有限的时间内覆盖大量的教学内容，而学生则需要在固定的地点按时参加课程。此外，教育资源的分配往往不均衡，优质教师和教材主要集中在大城市，而偏远地区的教育资源相对匮乏。教育数字化转型的第一步，通常是将传统的面对面课堂教学逐步迁移到在线平台。这一转型不仅是为了应对这些限制，更是为了实现教育的现代化和普及化。

随着互联网技术的普及，在线教育作为传统教育的一种重要补充，逐渐成为现代教育体系的重要组成部分。这一转型最早在高等教育和成人教育领域得到了尝试。在高等教育领域，许多大学开始提供在线课程和学位项目，这不仅为在职人员提供了继续深造的机会，也为那些因各种原因无法参加传统课堂的学生提供了新的学习途径。在成人教育领域，各类在线培训课程和职业认证项目也应运而生，帮助成年人提升职业技能，适应快速变化的就业市场。

特别是在2019年底至2020年初新冠疫情暴发期间，在线教育迅速成为教育领域的主流模式。在此期间，全球范围内的学校和教育机构被迫关闭，传统的面对面教学无法继续进行。在这种情况下，在线教育平台迅速崛起，成为学生继续学习的重要途径。在中国，这一转型尤为显著。根据《中国在线教育发展报告（2020）》，在新冠疫情暴发初期，全国约有2.5亿学生通过网络平台接受在线教育（中国互联网信息中心，2020）。这一数据不仅标志着中国教育向数字化、网络化的加速转型，也反映了在线教育在应对突发事件中的重要作用。

在线教育不仅包含了在线课堂、录播课程和直播教学，还涉及学生在线作业、即时反馈等环节，利用网络平台和数字化工具实现了个性化和精准化教学。在线课堂通过视频会议软件，如Zoom、腾讯会议等，实现了师生之间的实时互动，学生可以在家中参与课堂讨论，提问和回答问题。录播课程则提供了更加灵活的学习方式，学生可以根据自己的时间和进度观看课程视频，反复学习难点内容。直播教学则结合了在线课堂和录播课程的优势，教师可以实时讲解，学生也可以即时提问，增强了教学的互动性和实时性。

此外，在线教育平台还通过各种数字化工具，如在线作业系统、自动批改系统和学习管理系统，实现了教学过程的自动化和智能化。学生可以在线提交作业，系统自动批改并提供即时反馈，教师则可以集中精力进行个性化辅导。学习管理系统则帮助教师和学生管理学习进度，记录学习轨迹，提供数据分析，同时帮助教师及时了解学生的学习情况，调整教学策略。

这一转型不仅打破了传统课堂教学的时间和空间限制，也为学生提供了更加灵活、丰富的学习资源。学生不再受制于固定的时间和地点，可以在任何时间、任何地点进行学习。这种灵活性尤其适合那些有特殊需求的学生，如在职人员、残障学生和偏远地区的学生。在线教育平台提供了丰富的学习资源，包括视频课程、电子教材、互动练习和在线讨论，学生可以根据自己的兴趣和需求选择合适的学习内容，进行自主学习。

优质教育资源的跨地域传播是在线教育的另一个重要优势。通过在线教育平台，优质教师和教材可以覆盖到更多偏远地区的学生，着力解决教育资源不平衡的问题。例如，学而思网校、猿辅导等在线教育平台，利用大数据分析和直播技术，将原本局限于大城市的优质教育资源，通过线上直播和录播的方式，带到了全国各地的学生面前。这些平台不仅提供了高质量的课程内容，还能通过大数据分析学生的学习轨迹和学习困难，精准推送个性化的教学内容和辅导计划。

例如，在学而思网校，大数据分析被广泛应用于个性化教学。平台通过记录学生的学习行为，分析学生的学习轨迹，识别学生的学习难点和兴趣点，为每个学生生成个性化的学习计划。如果一个学生在某个数学题型上表现不佳，平台会自动推送相关的练习题和讲解视频，帮助学生巩固知识。此外，平台还提供了在线答疑功能，学生可以随时向教师提问，并能获得即时的解答和指导。这种个性化的教学方式不仅提高了学生的学习效率，还增强了学生的学习动力和兴趣。猿辅导则通过直播技术，实现了大规模的在线教学。平台邀请了众多知名教师和专家，通过直播课堂，为学生提供高质量的教学内容。直播课堂不仅提供了实时的互动，还通过弹幕和问答功能，增强了学生的参与感和互动性。此外，平台还提供了录播课程，学生可以在课后反复观看，巩固学习内容。通过大数据分析，平台还能够为学生提供个性化的学习建议和辅导计划，帮助学生克服学习困难，提高学习成绩。此外，一些在线教育平台还通过社区功能，增强学生之间的互动和合作。例如，猿辅导提供了在线讨论区，学生可以在这里交流学习经验，分享学习资源，互相解答问题。这种社区功能不仅增强了学生的互动性，还帮助学生建立了学习社区，提高他们的学习动力。

然而，在线教育的兴起也暴露出一些问题，例如缺乏面对面的互动、学生自律性不足等。在线教育缺乏面对面的互动，导致学生在学习过程中缺乏情感支持和即时反馈。传统的课堂教学中，教师可以通过观察学生的表情和反应，及时调整教学策略，而在在线教育中，这种即时反馈机制难以实现。此外，学生在家中学习时，容易受到各种干扰，如家庭环境、网络问题等，这些都可能影响学生的学习效果。学生自律性不足是在线教育面临的另一个挑战。在线教育要求学生具备较高的自律性和自我管理能力，而许多学生在没有外部监督的情况下，容易出现拖延和分心的问题。为了解决这一问题，一些在线教育平台通过设置学习任务和目标，提供学习进度跟踪和提醒功能，帮助学生提高自律性。例如，腾讯课堂提供了学习任务管理系统，学生可以设置学习任务和目标，平台会自动提醒学生完成任务，帮助学生保证学习进度。

综上所述，从传统课堂到在线教育的转型，不仅为学生提供了更加灵活、丰富的学习资源，还实现了优质教育资源的跨地域传播，缩小了教育资源不平衡的问题。然而，这一转型也带来了一些新的教育挑战，如师生间缺乏面对面的互动和学生自律性不足。因此，在线教育作为教育数字化转型的第一步，虽然解决了资源的广泛传播问题，但也需要不断改进和完善，以更好地满足学生的学习需求，实现教育的现代化和普及化。

## （三）混合式教学模式的应用与探索

为了弥补在线教育的不足，第二阶段的教育转型聚焦于混合式教学（Blended Learning）的探索和实践。混合式教学将传统的面授教学与在线学习结合起来，不仅保留了面对面互动的优势，也能充分利用数字技术提供的学习资源和灵活性。

混合式教学是一种结合传统面授教学和在线学习的新型教学模式。在混合式教学中，学生不仅可以通过在线平台进行自主学习，还能在课堂上进行互动和讨论。教师则根据学生的学习进度调整教学策略，通过线上平台布置学习任务和内容，而课堂时间则用于讨论、互动、实验、实践等环节。混合式教学中的在线学习部分，主要通过网络平台提供丰富的学习资源。这些资源包括视频讲座、互动练习、在线测验、讨论论坛等，学生可以根据自己的学习进度和兴趣选择合适的内容进行学习。这种自主学习的方式不仅提高了学生学习的灵活性，还培养了他们的自我管理能力。面授教学部分则强调互动和讨论。在课堂上，教师可以组织小组讨论、案例分析、实验操作等，这些活动有助于学生将在线学习的理论知识与实际应用相结合，加深对知识的理解和掌握。教师还可以根据学生在在线学习中的表现，针对性地进行指导和答疑，确保每个学生都能跟上教学进度。

混合式教学通过将课堂教学与网络学习相结合，既保留了传统教育的互动性，又充分发挥了数字化工具的优势。混合式教学促进了教师角色的转变。在传统的面授教学中，教师主要扮演知识传授者的角色，而在混合式教学中，教师更多地扮演指导者和促进者的角色。教师需要具备更高的信息技术应用能力，能够熟练使用各种在线教学工具，同时还需要具备更强的课堂管理能力和学生指导能力。例如，教师可以通过在线平台实时监控学生的学习进度，及时发现学生的学习困难并提供个性化的辅导。同时，混合式教学也提升了学生学习的灵活性和自主性，促进学生的个性化发展。学生也可以利用在线平台进行即时反馈，与教师和同学进行互动，增强学习的参与感和互动感。

根据《中国教育信息化发展报告（2021）》，混合式教学模式的应用在国内逐渐取得了广泛的认可，并在中小学、高等教育等多个领域得到推广。这种模式不仅提高了教学的效率和质量，还为学生提供了更加丰富和多样的学习体验。根据《2023年中国智慧教育发展报告》的数据，混合式教学模式在中小学、职教和高等教育领域的普及率不断提高。其中，中小学的混合式教学普及率从2020年的30%提升到2023年的60%，高等教育领域的普及率也从2020年的40%提升到2023年的70%。这些数据反映了混合式教学模式在国内教育领域的广泛应用和认可。

在上海、北京等大城市的部分学校，混合式教学模式已经开始在日常教学中应用。教师通过在线平台进行课前预习和课后复习，课堂上则进行更加深入的讨论和问题解决。例如，北京市的部分中小学和高校已经开始积极探索混合式教学模式。北京师范大学在"智慧教育"项目中，尝试了基于混合式学习的创新模式，利用线上线下结合的方式进行教学，将课前预习、课后复习和课堂互动相结合，通过线上线下结合的方式提升学生的学习效果，增强学生的参与感和互动感。

总之，作为一种结合传统面授教学和在线学习的新型教学模式，通过推行混合式教学，教育技术不再仅仅局限于提供资源，它还开始与教学过程深度融合，为学生提供更加个性化和定制化的学习体验。混合式教学不仅提高了教育的灵活性和个性化，还为教育技术的深度融合和智能学习平台的引入及个性化教育的探索奠定了基础。

## （四）智能学习平台与个性化教育的实施

随着人工智能、大数据、云计算等技术的发展，在混合式教学模式逐步普及的基础上，教育数字化转型的第三阶段是智能学习平台的应用与个性化教育的实施。智能学习平台的应用开始成为教育数字化转型的重要组成部分。

智能学习平台不仅仅是一个信息传递的平台，更通过数据分析和算法模型为学生提供个性化的学习支持。智能学习平台通过人工智能、大数据和云计算技术的结合，实现了对学生学习数据的深度挖掘和精准分析，推动教育向个性化、定制化方向发展。智能学习平台的实施，不仅增强了学生自主学习的能力，也能帮助教师更加精准地对学生进行辅导，尤其是在面对大规模班级时，能够通过技术手段进行个性化指导。智能学习平台能够根据学生的学习进度、兴趣、优势和薄弱环节，为学生自动推荐学习内容，并根据学习数据进行实时调整。教师可以通过平台获得学生的学习数据，并针对学生的薄弱环节进行个性化辅导和教学调整，这种以数据驱动的教学方式，极大提升了学习效果和效率。

例如，阿里巴巴的“钉钉教育”平台和腾讯的“腾讯课堂”都应用了 AI 技术，为学生推送个性化的学习资源和实时反馈。这些平台不仅提供传统的在线学习工具，还通过数据分析帮助教师精准把握学生的学习状况，进行差异化教学。类似地，网易云课堂、学而思网校等在线教育平台也借助 AI 技术为学生提供个性化的学习辅导，自动批改作业，提供实时答疑，甚至智能化评估学生的学习效果。慕课平台上，学生可以根据自己的兴趣和需要选择学习内容，系统会根据其学习进度和历史记录为其推送个性化的学习任务和评估内容。

智能学习平台已经在 K-12 和高等教育领域得到了广泛的应用，并推动了教育个性化和精准化的发展,使得个性化教育成为可能。这一阶段的教育数字化转型，标志着教育从传统的标准化向更加个性化、灵活化的方向迈进。

教育数字化转型是一个渐进而全面的过程，涉及从传统课堂教学到在线教育的初步过渡，再到混合式教学模式的深入探索，最后通过智能学习平台实现个性化教育的全面应用。随着技术的不断进步和教育需求的日益多样化，未来的教育将更加注重个性化、多元化和灵活性。教育数字化转型不仅推动了教育资源的均衡分配，也为学生提供了更加丰富的学习方式和路径，从而实现了教育公平和质量的双重提升。

## （五）开放教育资源和在线课程的广泛应用

开放教育资源（OER）是存在于公共领域的教学、学习和研究资源，通常可以在互联网上找到，并根据知识版权许可发布，允许免费访问、使用、改编和重新分发。开放教育资源内容的时效性、多媒体形式和具有实时响应的交互方式可提高学习者的参与度。2019 年 11 月，联合国教科文组织大会通过了《关于开放教育资源的建议书》并成立了 OER 动态联盟。OER 动态联盟旨在建立一个互相支持的共享网络，围绕建议书的五个行动领域产生协同效应：提高联盟成员创建、获取、重复使用、改编和重新分发 OER 的能力；制定支持性政策；鼓励包容和公平的高质量 OER ；促进 OER 可持续性模式的创建；促进国际合作。

自 2008 年推出以来，大规模开放在线课程慕课已成为开放教育资源的主要展示方式，并在短短几年内彻底改变了教育环境。尤其是在新型冠状病毒暴发期间，疫情迫使大多数国家的教育机构关闭，而在线学习成为被广泛应用的教育解决方案。许多人将慕课视为传统教育系统的替代方案，因为其学习时间灵活，不受经济和地理限制，人们可以通过提供在线学习内容的平台免费访问教育内容。越来越多的人一致认为，慕课将被融入现有的高等教育体系，而不是彻底颠覆现有体系。

为了建立长期的合作关系，慕课提供商开始与高等教育机构合作，创建新的专业资格课程和学位课程，包括完全在线课程和混合在线 / 线下课程。这些新的在线和混合课程通常被视为一种灵活且低成本的传统学位课程替代方案，目标人群包括正在寻求与工作相关的技能认证和资格证书的早期和中期职业人士。在麻省理工学院（MIT）交通与物流中心提供的供应链管理专业硕士课程中，麻省理工学院通过慕课提供供应链管理非学位证书，称为微硕士（MicroMaster）。要获得微硕士，学生需要付费完成5门慕课并通过监考考试。获得慕课微硕士的学生有资格申请麻省理工学院的为期一学期的加速硕士学位课程，相当于获得了“反向录取”的轨道。微硕士学生认为在线课程提供了优质的学习体验。课程知识结构紧凑、学习时间灵活、成本低廉以及可访问性强（例如内容可以回放），这些因素都为他们的学习体验增添了价值。

在线课程中也存在几种潜在的过滤机制，可能导致某些学生群体无法参与并最终引发潜在的不公平问题。首先，完成在线课程需要学生投入大量时间，对于负担家务和育儿责任的居家女性来说，这些额外的责任会对她们的课程完成度产生更大的影响。因此，为了提高公平性，在线课程社区可以推行针对全职家庭妇女的优惠政策或为她们建立互助小组。此外，在线课程需要学生具有较强的自我调节学习的能力，从而帮助他们更好地安排学习时间，参与线上群组互动并最终成功完成在线课程。为了解决这些问题，在线课程设计者们可以采用的解决方案包括在课程中提供大致的时间分配计划、进度指标、简短的学习单元和灵活的时间表。利用人工智能来提醒学习者在慕课学习过程中的作业截止日期或学习活动，也可能是帮助学生进行时间管理的解决方案之一。

### （六）教育数字化的典型案例分析

随着信息技术的飞速发展，数字化转型已经渗透到中国基础教育的各个层面。从教育工具的更新到教学模式的创新，数字化转型在中国的基础教育领域逐渐铺开。以下是几个典型的基础教育阶段数字化转型案例，展示了中国是如何通过科技手段推动教育现代化、提升教育质量，以及推动教育公平的。

### 1. 中国“智慧教育示范区”建设项目

中国教育数字化的快速推进，使得通过信息技术提升教学效果、保障教育公平成为可能。“智慧教育示范区”正是教育部在教育信息化水平的提高需求以及城乡教育资源分配不均衡的背景下，为推动教育现代化和数字化而启动的重要项目，旨在利用智能技术提升教育质量、缩小教育资源差距，支持创新教育生态的建立。“智慧教育示范区”创建项目起源于2018年4月教育部发布的《教育信息化2.0行动计划》，该计划将“智慧教育创新发展行动”列入八大行动之一，提出开展智慧教育创新示范。

智慧教育示范区的建设目标是为了推动教育信息化融合创新发展，实现教育理念与模式、教学内容与方法的改革创新，为各地提供教育数字化发展的试验场，提升区域教育水平。各示范区试点地区根据自身实际情况定制智慧教育方案，通过构建网络化、数字化、智能化、个性化、终身化的教育体系，解决本地教育痛点，如信息素养差异、教育资源分配不均等问题。这些示范区不断推动着教育变革和创新，并为不同地区的教育信息化发展提供示范作用。

自2019年项目启动以来，多个省（区、市），包括北京市东城区、上海市闵行区和河北省雄安新区，成为智慧教育示范区的试点地区。智慧教育示范区建设的成功，展示了区域教育数字化转型的模式，为后续在全国推广提供了丰富的经验。

### 2. 基础教育阶段的数字化转型案例

中国在基础教育的数字化转型方面已经取得了显著进展，以下是几个具有代表性的案例，这些案例展示了中国如何利用数字技术推动教育现代化并改善教育公平性。在构建优质均衡的基本公共教育服务体系进程中，浙江省借助数字化技术，积极探索以城乡义务教育共同体（教共体）建设为关键举措，大力推动义务教育优质均衡发展与城乡一体化，显著提升了基本公共教育服务均等化水平。浙江省对教育资源均衡高度重视，早在2001年，杭州市便率先尝试“名校+新校”“名校+弱校”的集团化办学模式；2004年，开展“农村远程教育”工程试点，借助技术助力城乡学校均衡发展；2018年，选取70所义务教育学校开展“城乡携手、同步课堂”项目试点，推动城乡学校录播教室建设，开启线上教学与教研探索；2019年，将“互联网+义务教育”纳入省政府民生实事，通过多种形式实现乡村学校互联网结对全覆盖；2022年，公办义务教育学校教共体结对覆盖率超95%，推动优质教育资源下沉，增强了学校办学活力，提升了乡村学校整体办学水平。在技术支撑层面，浙江省致力于推动系统共建，促使城乡硬件设施同步优化升级。通过制定“互联网+义务教育”城乡结对帮扶学校技术环境装备方案及建设指南，对数字化标准进行统一，同步升级城乡硬件，实现了城乡学校网络设施的同步规划、建设与投入使用。截至2023年，全省73%的教共体学校网络带宽已提升至1000Mbps，所有乡村学校均已建成远程互动教室。在资源共享机制方面，搭建了城乡同步课堂、远程专递课堂、教师网络研修以及名师网络课堂等多元平台，有力促进了学生学习资源与教师教研资源的共建、共享与协同利用。

除了通过数字赋能实现优质教育教学资源共享，促进基本公共教育服务体系的均等化和一体化，浙江省在教育数字化领域持续深耕，积极承担“基于教学改革、融合信息技术的新型教与学模式”实验区建设任务，参与智慧教育示范区创建，并成为国家智慧教育平台整省试点省份。在推进教育数字化进程中，浙江省诸多地区积极探索实践。以温州市为例，自2021年入选国家智慧教育示范区后，该市实施“大共同体”构建、教育数字化改革、智慧校园创建、数字资源集约供给、创新人才培养和教师信息素养提升等六大行动，统筹区域教育数字化治理，推动学校教育数字化转型。温州市瓯海区实验小学打造了小学层面的“数字大脑”，通过展示学生多维度的在校活动数据、学科素养等，助力学生精准定位自身优劣势，实现查漏补缺。同时，该市还培育了如瓯海区第二外国语学校等一批智慧校园2.0建设典型。在技术与教学融合方面，浙江省多地成绩斐然。2020年8月，杭州市上城区、萧山区等6个地区入选“基于教学改革、融合信息技术的新型教与学模式”实验区。衢州市柯城区鹿鸣小学七里校区借助信息化手段，将普通教室升级为新型教学空间，通过虚拟现实技术（VR）设备辅助语文教学，利用平板电脑促进学生项目化活动交流，还为学生配备智能化学习设备，实现学生德智体美劳发展情况的量化、可视化与可评价。杭州市萧山区在中学开展大数据精准教学，50余所学校配置了200余个智慧课堂系统，基于大数据分析实现“一生一进度，一生一难度”的精准教学。杭州市上城区探索“教育平台+教师培养”模式，借助“AI课堂观察分析实验室”诊断课堂，精准推送数字资源，助力教师的专业发展走向科学化、人性化和智能化。作为国家智慧教育平台整省试点，浙江省积极建设浙江分平台，实现与国家平台的资源共享及数据贯通。截至2024年，浙江省入选教育部“基础教育精品课”1012节，向国家平台共享优质课程2500余门、2万余课时，注册用户达320万人，有力推动了优质教育资源的广泛传播与应用。

在基础教育阶段的数字化浪潮中，不仅主科教学发生了深刻变革，非主科领域同样迎来创新机遇。以体育学科为例，随着“双减”政策深入推进和中考体育改革，教育部规定学生每日在校锻炼不少于1小时，这对学校的师资、场地及器材设备提出了更高要求。在此背景下，智慧体育装备成为服务新时代体育教学模式的有力工具。在南宁市第四十七中学的智慧体育教学过程中，立定跳远演示完成后，配套显示屏能够迅速给出成绩判定,并精准圈出不规范动作。智慧体育装备显著提升了课堂效率，投掷类项目无须提前画场地，跳绳、跑步可多人同步进行，无须刻意计时计数。学生成绩能即时录入系统分析，助力把握学生短板，开展针对性教学，也为校园体育竞赛组织提供便利。智慧体育装备发挥着类似智能“AI”老师的作用，助力提升教学质量并规范动作，引导学生安全运动。智慧体育装备监测全体学生运动的平均心率，在确保运动量达标的同时对心率过高的学生及时预警，降低体育伤害风险。同时，家长通过手机小程序，可了解孩子的完成情况与质量评价，实现家校体育教育的有效衔接。

### 3. 高等教育阶段的数字化转型案例

在当今数字化时代，高等教育正经历着深刻变革，教育数字化成为提升教学质量、促进教育公平的重要手段。通过运用先进的数字技术，如人工智能、大数据、云计算等，高校能够创新教学模式，优化学习体验，培养学生适应未来社会的综合能力。北京大学积极响应这一趋势，深入探索“AI+ 教育”的融合路径，构建了一系列创新的教育平台与工具。自 2023 年 5 月起，由北京大学国际机器学习研究中心、大数据分析与应用技术国家工程实验室机器学习中心等多部门科研人员组成的研究团队积极投身于“AI+ 教育”的探索与实践。在 2023 年 9 月，团队成功构建了国内首个面向高等教育的基于生成式语言模型的 AI 助教 Brainiac Buddy（简称 BB）,并率先在《图像处理中的数学方法》等课程中开展应用。对于学生而言，借助 BB 可进行课程预习、提出问题，还能创建个性化知识库；教师则可将课程教案交付给 BB，有效提升教学效率。2024 年初，该团队携手北京大学教师教学发展中心，进一步研发功能更为完备的人工智能辅助教学平台——“北大问学”。该平台已正式上线北京大学校内门户，面向全校师生开放使用。“北大问学”平台是在提示词工程和智能体框架的指引下开发而成的，以 Brainiac Buddy 系统为核心，融合检索增强生成（RAG）技术，实现对教学材料的针对性 AI 赋能。其核心功能涵盖了 AI 知识库、伴学助教、AI 教学工具箱以及 MathCopilot 数学工具等。在实际应用场景中，该平台既能辅助学生阅读文献、提供即时答疑，又能助力教师生成定制练习题与教学大纲，显著提升教学双方的效率。初步测试及反馈表明，平台中的数学与编程辅助工具需求旺盛，尤其在处理复杂数学问题时，MathCopilot 工具的解答准确率相较于其他同类产品优势明显。展望未来，北京大学相关研究团队计划将“北大问学”平台拓展至更多学科领域以及职业教育范畴。通过持续优化 AI 问答系统、嵌入更多 AI 辅助教学工具，使平台能够适应更为复杂的教学环境并提供有力支持。团队期望通过“北大问学”平台的不断完善与广泛推广，引导学生掌握运用 AI 工具解决问题的能力与思维模式，为智能化社会培育具备复合技能的高端人才。

在高等教育领域，数字化的影响力正持续拓展与深化。随着教育数字化进程的加速推进，高等教育开始将目光投向更为广阔的应用范畴。如今，越来越多高校积极借助数字化力量构建智慧校园，旨在通过数字化转型手段提升校园整体治理效能，为学生打造更加优质、便捷、个性化的学习与生活环境，实现对学生的精细化、智能化管理。在智慧教学环境建设上，同济大学自 2019 年起分 3 期建成 311 间智慧教室，占全校公共教室总数的 70.5%，覆盖多个校区。以 Canvas 学习管理系统为核心，打造了媒资库、云课堂等一系列线上教学平台。借助 5G、人工智能、大数据等技术，支持多种教学形式，推动教学模式信息化、智慧化转型，创新授课内容与模式，试点数智化考评与教学资源辐射新模式，实现人才培养提质增效。在通过数字化推进学校教学、科研、管理和服务的全面革新方面，同济大学着力建设的校园运营“一网统管”平台，是其数字化转型的关键成果。该平台于2024年建设完成一期并顺利上线运行，实现了对校园运行状态的全方位“观、管、防”，推动校园治理迈向现代化。平台以物联平台、信息物理融合平台、集成平台以及可视化孪生平台搭建起整体架构，借助物联网技术，实现物联设备的统一接入与管理，达成校园运行状态的实时感知。通过构建校园数字孪生体，完成了校园关键楼宇景观与重要设备设施的数字孪生建模，成功实现校园的数字化与可视化呈现。在业务场景构建方面，平台精选14个与校园运行紧密相关的业务域，汇聚超5亿条校园运行管理数据，接入4000余个设备，融合处理各类业务、视频、物联及地图数据，探索出一套涵盖安全、用水、用电等6个维度的校园运行治理指标体系，用以综合反映校园运行态势。同济大学的“一网通办”师生服务门户也取得显著进展。该门户为师生提供统一服务入口，进驻服务事项从最初的197项增加至285项，其中217项可在线办理，占比达76.1%，累计服务师生超700万人次。门户针对高频服务事项整合优化流程并升级个人日程中心，整合多源外部数据，方便师生查询。在2025年初，同济大学智慧校园辅助决策“驾驶舱”启用，为学校推进“数智化”治理提供了更直观、实时的决策支持。围绕“数智化、绿色化、融合化”实现基础设施、绿色校园和交叉融合发展全方位动态数据一屏可观，基于数字孪生、物联网、边缘计算等技术实现消防、安防等重点应用场景的智能管控，并结合全域数据和人工智能技术，通过算法实现校园治理、人才培养、科学研究等重点发展目标路径推演和分析决策。

### 4. 职业教育与继续教育中的数字化转型实践

在数字化浪潮席卷全球的当下，职业教育领域的数字化转型也在如火如荼地展开。众多机构与地区积极探索，借助数字技术之力，为提升职业技能培训质量、拓宽就业渠道、推动产业发展注入新动力。

腾讯作为互联网领域的领军企业，在职业教育数字化进程中发挥了独特且重要的作用。2022 年,《腾讯新职业与就业发展报告（2022）》显示，腾讯的数字生态发展呈现出向三、四线城市下沉的趋势，为小镇青年的就业与发展开辟了新机遇。以腾讯课堂为例，其每月的访问学习人数达数千万，其中超过 40% 来自三、四、五线以下城镇人群。腾讯课堂凭借丰富的课程资源和便捷的在线学习模式，已累计入驻机构超过 15 万家，上线课程超 40 万门。在线职业教育和技能培训在这里具有低成本、低门槛、时间灵活等优势，众多学员借助该平台持续提升职业技能，部分人甚至借此改变了职业发展轨迹。例如，一些原本就业困难的小镇青年通过学习电商运营课程，掌握了网络销售技巧，成功开启自主创业之路；还有人通过学习设计类课程，提升专业能力，获得进入大城市设计公司工作的机会。腾讯课堂的存在，让更多人打破地域与资源的限制，获取优质的培训学习资源，实现个人发展。

深圳作为我国科技创新的前沿阵地，在职业教育数字化领域同样积极作为。2024 年，深圳市人力资源和社会保障局依托市高技能公共实训基地，正式推出鸿蒙、人工智能、半导体与集成电路等十大“数字技能公益学堂”。该学堂紧密围绕深圳“20+8”产业集群、先进制造业、现代服务业等关键领域紧缺数字人才需求，精心开设十大门类共 69 门课程。这些课程涵盖三个大方向：一是聚焦为千行百业赋能的战略性、基础性通用技能；二是聚焦新型工业化复合技能；三是聚焦数字创意、智能建造等支柱产业专门技能。“数字技能学堂”依据企业实际生产需求，为每门课程设计具有代表性的实操任务，使学员能够在实践中掌握真正的本领。数字技能学堂为深圳的数字产业发展源源不断地输送创新型、复合型数字技能人才，每年计划培养人数达 1 万名，有效缓解了当地数字技能人才短缺的状况。

作为职业教育强市，苏州市在国家“中小企业数字化转型试点城市”政策支持下，大力推动职业教育数字化转型。苏州出台了《苏州市推动服务业数字化转型实施方案》等政策文件，促进数字经济和实体经济深度融合。同时出台《苏州职业教育服务数字经济时代产业创新集群融合发展的实施意见》，助力全市职业院校数字化转型。苏州50多所职业院校通过建设数据采集与管理系统、教育平台、专业教学库等，积极探索数字化转型路径。例如，职业院校与当地知名智能制造企业合作，利用学校的工业互联网专业群资源，为企业开展员工数字化技能培训，同时企业为学生提供实习岗位，实现了人才培养与产业需求的无缝对接。

在数字化驱动教育变革的大环境下，终身教育建设也迎来了全新的发展契机与变革动力。数字化技术以其强大的信息整合、存储与传播能力，为打破教育的时空限制、促进学习资源的广泛共享以及推动学习成果的高效认定与转换提供了有力支撑，极大地推动了终身教育体系的构建与完善。随着终身学习理念越来越深入人心，江苏省为支持全民终身学习、促进教育衔接，搭建了“江苏省终身教育学分银行”平台。学分银行定位为服务全民终身学习，负责学习成果积累、认定与转换。一方面，它为学习者建立个人终身学习档案，全面存储学习者学历教育和非学历教育的各类学习成果，实现学习成果的集中管理与跟踪。另一方面，学分银行有效打通不同学习经历之间的壁垒，为教育机构和用人单位在使用学习成果、转换学时或学分时提供权威的依据。

此外，数字化技术凭借其强大的信息传播与资源整合能力，打破了传统教育的时空局限，为各个年龄段的人群提供了更为便捷、多元的学习途径，尤其是在老年教育领域，极大地推动了其发展进程，助力终身教育建设迈向新高度。《2024中老年“教育+”增长蓝皮书》显示，我国中老年兴趣学习群体呈现出显著的数字化特征。其中，高达九成的人群选择线上学习网络课程，短视频平台、教育类App以及在线学习平台成为他们的主要学习渠道。当下的60后、70后中老年群体，认知水平较高，生活空间相对独立，家庭稳定，注重自我提升，且乐于为兴趣和知识投入，已然成为互联网上具有高价值的核心教育人群，为在线教育产业带来新的发展机遇。数字化为老年教育搭建了广阔的平台，使中老年群体能够便捷地获取丰富的学习资源，有力推动了老年教育的普及与发展，成为构建终身教育体系的重要力量。随着数字化技术的持续创新与完善，老年教育在终身教育体系中的地位将越发重要，有望为更多老年群体实现终身学习的目标提供坚实支撑。

# 六、全球教育数字化的竞争比较

## （一）发达国家（以美国为例）教育数字化的先进实践

近年来，美国数字化教育领域呈现出迅猛发展态势，数字学习资源呈现出爆发式增长。LearnPlatform 在 2019—2020 学年的调查数据显示，学区平均运用 895 种数字工具助力教学实践；同期，美国教育部的调研表明，45% 的学校已达成学生人均一台电脑的配备标准。2022—2023 学年，LearnPlatform 的后续调查发现，学区所采用的教育科技工具平均数大幅跃升至 2591 种。此外，EdWeek 研究中心的调查指出，截至 2021 年 3 月，90% 的初中、高中教育工作者反馈学生至少人手一台电脑，在小学阶段，该比例也高达 84%。由此可见，美国数字化教育在软硬件资源层面均实现了显著扩充。

然而，在蓬勃发展的表象之下，美国数字化教育面临着诸多困境。其一，学生对技术的运用呈现出被动化倾向。在 2021—2022 年开展的针对全国 41000 余名六至十二年级学生的调查中，高达 84% 的学生表示，在学校使用新技术的主要场景为参加在线考试或测验，其次为创建文档以供共享，占比 63%；通过电子邮件向教师提问，占 55%；观看在线视频，占 52%。这些应用方式大多停留在对传统教学模式的数字化迁移层面，未能有效激发学生主动探索、深度参与以及创造性运用技术的潜能，与借助技术开启终身学习、培养高阶思维的愿景存在较大差距。

其二，教师在数字化教学实践中面临重重挑战。由于学校系统在引入新技术时缺乏缜密规划、科学地变更管理流程以及明确统一的目标，致使众多教师在应对技术变革时力不从心。一方面，教师缺乏充足时间去精心设计与新技术适配的有效在线学习环境；另一方面，教师自身欠缺相应的技术应用与教学设计能力。疫情期间的紧急远程教学更是加剧了这一困境，多数教师只是机械地将传统线下课程计划与教学结构移植至虚拟教学空间，导致教学成效参差不齐。即便在疫情形势缓和后，师生虽然在持续使用新增数字工具，但依旧未能摆脱被动应用的旧有模式。

为化解上述困境，部分地区与学校已积极探索推动学生积极运用技术的有效路径。以密苏里州切斯特菲尔德帕克威学区为例，其推出的 Spark！技术解决方案颇具创新性。该方案为高中生量身定制了 7 个体验式学习课程，旨在引导学生以数字技术为依托解决现实问题。在此过程中，学生得以与来自当地合作企业的行业导师建立紧密联系，导师们全程为学生提供专业指导、资源对接、技术答疑以及全方位支持。学生借此契机，能够依据自身兴趣自主抉择技能发展方向，量身定制学习路径，在一学年内深度涉猎视频制作、应用程序开发、平面设计、网络安全等多元领域，在完成真实项目的进程中锤炼备受雇主青睐的软技能。据学生反馈，此间所建立的合作关系与人际纽带为他们带来了独特且深刻的学习体验，对其人生规划与职业发展轨迹产生了深远影响。

综上所述，美国数字化教育在资源快速扩充的同时，亟待攻克学生技术应用被动、教师赋能不足等难题，应持续优化教学设计、强化教师培训、整合数字资源，引领学生主动积极地在学习中应用数字技术。

## （二）发展中国家（以印度为例）教育数字化的探索

随着印度的数字化进程渗透到教育领域，各级教育机构都在寻求数字化。聚焦于印度的基础教育与中等教育阶段,政府部门高度重视学校教育的数字化改造。一方面，着力于数字基础设施建设，通过大规模部署数字黑板、打造数字化教室环境，并逐步推进“每个孩子一台笔记本电脑”项目的落地实施，为数字化教学活动提供基础硬件保障；另一方面，引入机器学习、人工智能等前沿技术赋能教学实践，旨在优化教学流程、提升教学效果，培养学生适应数字时代的信息素养与创新思维能力，为后续高等教育及职业发展筑牢根基。

随着印度的远程教育体系的建立，众多开放大学成为关键的支撑力量。这些开放大学致力于为因各种原因无法接受常规全日制教育的人群提供学习机会，其课程涵盖面广泛，本科、研究生及博士层级课程设置完备，同时针对未完成正规学校教育流程的学生，专门开设了丰富的职业文凭与证书课程，满足了不同群体对于知识提升与职业技能培养的差异化需求，极大地拓宽了印度教育的受众边界。SWAYAM（面向年轻有抱负的人的主动学习研究网络）计划是印度教育数字化进程中的核心项目。该计划由印度政府主导推动，整合了国内顶尖教育资源，以大规模开放在线课程（慕课）的形式运营。该计划围绕访问便利性、教育公平性与教学质量保障三大关键原则构建课程体系，全面覆盖从高中到硕士阶段的多学科领域。在此平台上，印度教师团队精心制作的课程面向所有学习者免费开放，消除了因经济因素、地域差异等造成的教育资源获取障碍。此外，大学资助委员会（UGC）还配套出台了在线学习课程的学分框架，使学习者在完成 SWAYAM 平台课程后，所获学分能够得到高校认可。通过实现与传统校内课程学分的有效转换，进一步增强了在线教育在印度教育生态中的合法性与实用性，促进了线上线下教育的有机融合。

互联网和通信技术（ICT）的迅猛发展也为印度教育数字化注入了源源不断的动力。数字化内容在教育领域广泛传播,既包含传统纸质教材的扫描电子版，又涵盖专为线上学习设计开发的在线教育材料、电子教科书，以及互联网流媒体视频、音频学习资料等。这些电子学习资源集合从根本上变革了印度教育的供给模式。众多基于网络的学习网站与多样化培训模式蓬勃兴起，各种专业技术与职业教育培训借此契机在虚拟学习环境中得以高效开展，不仅为正规学历教育提供了有益补充，更为终身学习理念的落地提供了实现路径，激发了非正式学习与个体自学的热情，显著拓宽了民众获取知识的渠道。借助云平台强大的数据存储与运算能力，在线学习公司能够将海量教育数据、教学信息及学习内容集中整合，无论是学习者个人还是教育服务提供商，均可随时随地便捷地访问、管理与处理相关信息，极大提升了学习过程的灵活性与效率。与此同时，大数据与学习分析技术在教育领域的日益普及应用，使得电子学习公司能够精准洞察学习者学习行为、需求偏好，进而有针对性地开发和推送契合市场需求的在线课程。多因素协同作用下，印度在线学习市场呈现高速增长态势，彰显出印度教育数字化发展的巨大潜力与广阔前景。

总体而言，印度在教育数字化道路上稳步迈进，基础教育数字化加速推进、远程教育体系持续完善、数字内容生态繁荣发展、在线教育市场蓬勃兴起，各环节紧密配合、相互促进，逐步构建起一套较为完整的数字化教育体系。

### （三）教育数字化在国际组织中的推广

2018 年，联合国教科文组织推出了《教师信息与通信技术能力框架（ICTCFT）》（第 3 版），用于指导教师在从 K-12 到高等教育的正规和非正规教育系统中使用数字技术进行职前和在职培训。《教师信息与通信技术能力框架》（第 3 版）强调，教师不仅应具备信息与通信技术能力、能够培养学生掌握这些能力，还要求教师能够利用与通信技术，帮助学生更积极地参与到学习过程中并利用信息与通信技术促进其他领域学科的学习。框架中提出，教师的专业发展是终身学习过程，而不是一次性活动，并将教师专业发展结合信息与通信技术划分为三个阶段并设定了目标：第一阶段是“获取知识”，要求教师掌握基本信息与通信技术能力并选择适当的信息与通信技术来支持具体的教学和学习方法。第二阶段是“深化知识”，要求教师利用信息与通信技术能力促进并创造以学生为核心的、具有协作性质的学习环境。第三阶段是“创造知识”，鼓励教师建立知识社群，将学校建设成为学习型组织，并持续探索信息与通信技术服务于教学和学校的最佳方式。

实施信息与通信技术教师能力培训计划需要强有力的支持环境，包括政府、教师教育和专业发展负责人以及学校的坚定支持和协助。同时，联合国也将《教师信息与通信技术能力框架》与开放教育资源相结合，以帮助成员国更好地制定并落实教师数字技术能力培训计划。联合国计划提供的协助包括：首先，将成员国的教育数字能力现状和目标同教师信息与通信技术能力框架相结合；其次，开发开放许可（可访问、可重复使用、可重新利用、可改编和重新分发）的教师数字能力培训材料；最后，协助成员国利用这些开放教育资源实施制定具体的教师培训计划。

在 2022 年，联合国又推出了《教育信息通信技术政策和总体规划指南》。其目的在于引导政策制定者推广数字化技术并将它引入教育领域实施，维护人权底线并将包容、公平及性别平等理念深度融入技术解决方案核心，促使全球教育数字化进程可持续良性发展。该指南秉持以人为本的视角，全面挖掘从基础数字技术到前沿数字技术如人工智能、Web3.0 乃至“元宇宙”等教育领域的潜能，助力教育者和决策者正确认知技术价值。倡导制定适配国情的政策，削减数字污染，避免产生“技术至上”的盲目依赖倾向。同时，提供政策规划框架、迭代路线图与各国家的数字化教育应用实例，方便各地精准评估教育系统数字化程度、洞悉师生需求，进而循序渐进规划适配国情的教育数字化政策。

除了制定政策，国际组织也推出了一系列面向推动全球教育公平的数字化应用项目。联合国儿童基金会（UNICEF）主导的“学习护照”项目，便是其中一个典型案例。“学习护照”是一个集在线、移动和离线功能于一体的教育平台，也是一种创新的教育模式。该平台由 UNICEF 与微软合作打造，具备一系列独特的线上线下功能，旨在为全球儿童和青少年提供持续的优质教育资源获取途径。从平台功能来看，“学习护照”高度灵活且适应性强，各国既可以将它作为国家学习管理系统而全面采用，也能够用来补充现有的数字学习平台。考虑到部分地区网络连接不稳定或无网络的情况，平台优先在这些地区进行部署，以解决当地儿童无法获取优质数字教育工具和内容的问题。同时，平台不仅提供适应当地情况的本地化内容，还整合了全球补充资源，目前正在收集开放教育资源（OERs）以及领先私营企业捐赠的内容，形成全球数字图书馆，为各地实施机构提供多样化的补充内容，以满足不同地区的教育需求。作为一种教育模式，“学习护照”覆盖了从幼儿教育到中小学教育，再到青少年技能培训和技术职业教育等多个阶段，尤其关注失学儿童以及需要提升教育质量的学生群体。每个用户都拥有个性化的学习记录，可跨越地域和数字界限使用，方便跟踪学习历程和成果。此外，该模式还为教师和家长提供了必要的培训与工具，助力他们更好地支持学生学习。在推广实施方面，当 UNICEF 国家办事处或当地政府表达合作意向后，“学习护照”项目便会启动部署流程。在整个部署过程中，UNICEF 全球团队会为国家办事处、政府官员、实施与技术团队以及其他利益相关者提供全方位支持，确保项目的顺利推进。“学习护照”项目通过创新的平台和教育模式，在全球范围内推广教育数字化，为解决教育资源分配不均、提升教育质量提供了新的思路和实践范例，也为其他国际组织和国家在推动教育数字化进程中提供了有益的参考。

此外，教育科技中心（EdTech Hub）作为一个具有代表性的国际合作平台，也为促进教育数字化发展做出了诸多努力。EdTech Hub 成立于 2019 年，与众多公共、私营、学术和非营利机构合作，旨在帮助政府内外的决策者在教育技术应用方面作出基于证据的政策决策。新冠疫情期间，教育技术在支持远程学习方面的应用呈爆发式增长，但也暴露出诸多问题。全球教育政策制定者和决策者面临着众多技术解决方案的选择困境。由于现有的知识和案例大多来自北美、欧洲和东亚的高度工业化发达国家，这导致了发展中国家在教育技术决策方面存在知识缺口。该中心重点关注数字个性化学习、技术与教师专业发展、数据与数据系统、学校教育与学习参与度以及女童教育这五个核心主题。在地域上，特别聚焦于非洲、中东和南亚地区，为这些地区提供针对性支持。EdTech Hub 主要通过以下方式推动教育数字化：一是支持严谨的学术研究，包括委托合作伙伴开展大规模研究、自行主导基础研究计划以及进行综合现有研究成果的案头研究；二是助力有前景的教育技术干预措施扩大规模并推广经验，通过快速委托项目、征集提案以及开展创新试点（沙盒项目）来实现；三是为教育决策者提供技术援助，帮助他们以有效且基于证据的方式将教育技术融入教育体系，其服务台为 70 多个国家的相关教育工作人员提供支持，协助各国政府制定、实施、监测和评估利用技术的教育项目。EdTech Hub 通过整合各方资源、开展多领域研究、提供技术支持以及成果分享，在国际层面有力地推动了教育数字化的发展，为不同国家尤其是中低收入国家在教育技术政策制定、实践应用和知识积累等方面提供了重要支持，成为国际组织推动教育数字化的成功范例。

## （四）教育数字化的国际政策比较

### 1. 欧盟的教育数字化政策与战略

欧盟的教育数字化政策有着逐步演进的历程，其制定与战略导向紧密围绕着全球信息变革、追赶先进水平以及发挥自身优势展开，相应措施也随着时代发展持续升级。

追溯至 1994 年的班格曼（Bangemann）报告，堪称欧盟电子学习政策的远古萌芽。这份报告以应对新兴信息社会挑战为出发点，率先提出将信息通信技术融入远程教育服务，倡导“把先进的远程学习技术推广至学校和学院”，还设想构建跨欧洲的先进网络，连接大学与研究中心并开放图书馆资源，为后续教育数字化发展勾勒出初步轮廓。1996 年，欧盟委员会开启在欧洲层面布局电子学习政策方向的首次尝试，计划在 1996 至 1998 年间促进学校与社区知识网络的互联互通，挖掘欧洲教育多媒体内容市场的潜力。

迈入 21 世纪，欧盟委员会在定义和制定电子学习政策方面发挥越来越积极的作用。2001 年推出的“电子学习行动计划”为期 3 年，在着力扩大基础设施建设的同时，重视教师数字技术培训，提升教育者数字化素养；还大力开发高质量的多媒体服务，丰富学习资源供给，并强调地区、成员国和社区各级参与者之间的合作，凝聚各方力量共同推动电子学习的发展。

欧盟在 2020 年 9 月发布了《数字教育行动计划（2021—2027 年）》，致力于打造欧洲高质量、包容且可实现的数字教育格局，并支持成员国的教育和培训体系适应数字时代。战略上，重点聚焦两方面：一是推动高效数字教育生态系统成形，促使数字技术全方位融入教学，保障教育机会均等；二是强化全民数字化转型必备的数字技能。在欧盟组织层面，采取的措施包括与会员国就数字教育关键议题进行深入对话，协同探寻发展策略；理事会就成功实现数字化教育和培训的关键推动因素、混合学习方法等提出建议，为成员国提供政策指导；搭建欧洲数字教育内容框架，为数字资源开发利用筑牢根基，并对在线资源共享平台进行可行性研究。在教育机构层面，强化教育培训的网络连通与设备支持，确保教学顺利开展；助力教育机构数字化转型，提升教师的数字应用能力；为教育者制定人工智能、数据使用的道德准则，规范教学行为；为教师提供提高数字素养和应对虚假信息的共同指导方针。在提高全民数字素养层面，更新数字能力框架，纳入人工智能等前沿技能；创设欧洲数字技能证书，量化个人数字能力；支持跨国收集欧盟青年数字技能数据，了解差距并设定欧盟层面的学生数字技能目标；为高等教育学生和应届毕业生提供数字机遇培训，使他们获得数字领域的实践经验；推动女性投身 STEM 领域，填补性别数字鸿沟。同时，欧盟还计划建立欧洲数字教育中心，作为欧盟层面数字教育协同合作的枢纽，统筹各方力量，全方位推动欧洲数字教育稳步向前。

### 2. 美国教育数字化的政策导向与趋势

美国的教育数字化政策在制定与执行层面呈现出独特的格局。在美国，教育的主要责任归属于各州，即便联邦层面已出台一定数量的电子学习政策，各州的电子学习政策与实践依旧大相径庭。官方报告及立法文件还是明确了联邦政府在教育政策层面负责的主要范围：既要勾勒教育技术的全面愿景，为国家行动开展长期战略规划；又要在硬件、软件技术创新领域拟定研究发展议程；还需在保障公平获取教育资源问题上发挥引领作用，展示具有前景的举措和方法，公布各州的最佳实践案例，为教育工作者提供支持，助力其职业发展。

鉴于美国教育政策分散的特性，其在很大程度上依赖各州及各机构对政策和实践的传播与采用。各类规划文件的核心目的便是提供电子学习相关的通用定义、目标与方法，以供各州和地方学区采纳和调整。而国家政策、计划以及联邦资助的研究，则着重于支持并推动实践案例在州教育系统中的横向与纵向整合，以此促进教育数字化的发展。

美国教育部的教育技术办公室自 1994 年起发布了多个版本的“国家教育技术计划”（NETP），旨在系统推进教育技术和信息通信技术在教育中的应用，并制订相关的教育政策行动计划和指导方针。1996 年的 NETP 指出，联邦政府虽在领导角色上有重要作为，但州政府与地方社区才是贡献最大、承担风险最多的主体。因此，比起给出单一的规定性行动方针，NETP 更倾向于构建起一个国家战略框架，为各州及地方社区自主制定教育数字化方案提供思路。

2024 年发布的最新计划聚焦于缩小三个关键鸿沟，展现了美国教育数字化的政策新导向与发展新趋势。首先，是数字使用鸿沟。计划强调要改善学生利用技术提高学习能力的机会，关注学生对技术的动态应用，如探索、创造和对学术内容进行批判性分析，旨在缩小使用技术进行创造等积极活动的学生与仅被动消费媒体的学生之间的差距。为此，计划中提出了通用学习设计（UDL）原则，涵盖多种表现方式、表达方式和参与方式。通过数字工具，教育工作者能以丰富多样的形式呈现信息，如视频、交互式模拟等，更好地支持不同学习者。学生可以根据自身偏好选择学习内容的格式，还能通过多种方式展示对学习概念的理解，如音频或视频演示等。此外，技术打破了传统课堂的限制，为学生提供了更灵活的学习环境，并通过互动式体验和多种学习材料的参与方式，如讨论板、虚拟教室和小组项目等，促进学生协作并激发他们主动使用数字技术的积极性。

其次，是数字设计鸿沟。这一鸿沟体现为部分教育系统未能为教师提供使用数字化工具所需的时间和支持，导致并非所有教师都具备在教学中灵活运用数字技术的能力。缩小这一差距需要建立更完善的培训系统，使教师摆脱对数字工具的公式化使用，能够在复杂的资源生态系统中为所有学生提供积极的数字化学习体验。

最后，是数字访问鸿沟。谈到数字访问鸿沟时，计划提出为学生和教育工作者提供平等获取教育技术的机会。尽管自 2017 年 NETP 发布以来，学校系统在缩小数字访问鸿沟方面取得了一定进步，但地域障碍和不同地区的技术能力差异等问题仍有待解决。政策要求各州和各地区关注可用性、可负担性和采用性三个要素，确保有足够的基础设施和覆盖范围为学校提供可靠的高速宽带服务和学习技术工具。学生和他们的家庭成员应当能够支付相关费用，并拥有使用数字化技术工具的技能支持。

通过缩小这三个关键鸿沟，该计划致力于实现数字化教育技术对教学和学习的变革性支持，提升教育质量和公平性，培养适应数字时代的新型人才。例如，阿尔伯马尔县公立学校地处弗吉尼亚州，学区覆盖农村、城市和郊区，包括 26 所学校，为 13000 名学生提供教育服务，其中 30% 的学生来自经济困难家庭。在缩小数字访问鸿沟方面，该学区开展了全面的数字公平倡议，推行 1∶1 项目，即每位学生配备一台电子设备。此外，学区意识到数字公平的关键在于师生是否具备运用现有工具的数字素养。为此，在缩小数字设计和数字使用鸿沟方面，学区采取了一系列策略：为低龄学习者开发无障碍工具，消除他们使用技术的障碍，让这些学生能更顺利地接触和运用数字技术；通过实践操作，助力教师和学生提升数字技能，在实际操作中掌握数字工具的使用方法；给予学生灵活性与选择权，让他们能够自主设计学习环境，激发学生主动利用数字技术进行学习的积极性；将计算机科学与课程内容标准相互关联，提供有目的的技术融入，使数字技术更好地服务于教学内容，提升教学效果。通过这些举措，阿尔伯马尔县公立学校致力于缩小三个数字鸿沟，推动教育公平，让不同背景的学生都能从数字技术中受益，提升教育质量。

### 3. 亚洲部分国家的教育数字化举措

新加坡自 20 世纪 70 年代末便敏锐察觉到信息通信技术（ICT）对经济发展的巨大潜力，将其作为关键驱动力，积极融入全球知识经济与科技创新浪潮。在这样的背景下，人力资本被视为国家竞争的核心优势，新加坡期望通过发展 ICT 来提升民众和企业的素养，增强国家整体竞争力。其教育数字化政策紧密围绕国家发展战略，以培养适应时代需求的人才为核心目标，注重学生思考、沟通和终身学习能力的塑造，旨在让学生在数字化浪潮中具备优势。

新加坡针对学校教育专门制定了两项具有重要意义的数字技术总体规划，包含四个关键维度：课程和评估、基础数字设施、内容和学习资源，以及人力资源开发。第一项总体规划（1997—2002 年）涵盖了多个关键领域的积极变革。在基础设施建设上，学校配备了充足的计算机实验室，根据不同教育阶段设定学生与计算机的比例，小学达到 6.6∶1，中学和初级学院为 5∶1，同时构建了全面的校园网络体系，实现了全校网络覆盖，能够顺畅地访问互联网和教育部内联网，并通过广域网接入新加坡 ONE 高速骨干网，为数字技术融入教学提供了坚实的硬件基础。在数字内容和学习资源整合方面，教育部积极行动，购置了商业教育软件入门套件，并与本地行业密切合作开发更多适用软件；设立中央信息交换中心负责筛选和推荐优质数字学习资源，同时实施教育软件采购计划，以优惠的价格方便学校获取所需软件；借助新加坡ONE网络提供丰富的多媒体应用服务，极大地充实了教学资源库。在人力资源发展层面，教师接受了30个小时基于学校的专业发展培训，内容聚焦于数字技术在课程中的应用，国家教育学院（NIE）也相应调整了教师的培训课程，将数字技术融入其中，还推出教师计算机购买计划鼓励教师购置个人电脑，设立奖项表彰教师在数字技术应用方面的创新实践，有效提升了教师的数字技术素养和教学应用能力。在研究与开发领域，积极与行业、研究机构展开合作，通过学校产业伙伴计划开展了如EduPAD开发和数字媒体资源库（DMR）建设等项目，推动了数字技术在教学创新中的应用。

第二项总体规划（2003—2008年）在继承和发展第一项规划成果的基础上，进一步深化和拓展了教育数字化的内涵与实践。在数字资源与基础设施优化方面，持续加大对学校数字技术设施的投入，进一步改善学生的计算机配备情况，小学的学生与计算机比例优化至6.5∶1，中学、初级学院和集中学院提升至4∶1，同时为学校提供更灵活的网络环境，支持学校自主探索和应用新兴数字技术；大力推动学校自主开发和共享基于数字技术的学习资源，通过“跨集群资源共享”（iSHARE）项目打破学校之间的资源壁垒，促进优质数字资源在更大范围内的流通和共享。在教学实践变革方面，积极引导教师转变教学理念和方法，大力倡导以学生为中心的教学法，推动数字技术从课程规划设计阶段深度融入教学过程，鼓励教师开发和运用基于网络的学习对象，使学生能够借助多种设备随时随地获取个性化的学习资源，满足不同的学习需求。在学校管理模式创新方面，赋予学校更大的自主权，将数字技术资金下放给学校，同时要求学校提交年度计划，明确资金使用方向和效果，强化学校的责任意识；教育部咨询团队为学校提供专业指导和支持，助力学校提升数字技术规划和应用能力，鼓励学校大胆尝试如平板电脑、移动设备以及3D虚拟学习环境（如QuestAtlantis和SecondLife

等）新兴数字技术在教学中的应用，推动教学方式多样化和创新发展。为了确保所有学校在数字技术应用方面达到基本要求，保障教育质量的均衡提升，教育部制定了数字化标准以确保所有学校都达到最低水平的数字技术应用。同时，教育部与学校建立合作，为课堂教师在课程中使用数字技术进行创新提供必要条件。BackPack.Net 项目是创新使用数字技术进行教学的一个重要实例。教育部于 2003 年与 iDA 和微软合作，通过使用平板电脑、数字墨水应用程序和其他创新的数字技术来促进以学生为中心的学习。在教师专业发展支持上，学校根据自身实际情况自主决定教师专业发展（PD）项目的具体内容、实施时间和参与人员，教育部则提供定制化的 PD 项目，涵盖从数字技术基础应用到高级应用的全方位培训，强调通过数字技术实现教学价值增值，积极营造教师之间的协作学习氛围。在研究与创新推动方面，教育部专门设立研发部门和学习科学实验室（LSL），开展深入的应用研究和基础研究，鼓励学校积极开展数字技术创新实践，推出"引领数字技术学校计划"（LEADICT@Schools）和"未来学校 @ 新加坡"（FS@SG）等项目，为学校提供额外资金和资源支持，助力学校开展高水平的数字技术应用研究和创新实践，并将成功经验和有效模式在更大范围内推广，带动整体教育数字化水平的提升。

在第一项总体规划完成时，学校已基本具备开展数字技术教学的基础条件，教师初步掌握了数字技术应用技能，部分学校和教师在数字技术应用方面形成了示范引领效应。第二项总体规划的实施进一步推动了教学实践的深度变革，显著提升了学校在数字技术应用方面的自主权和资源共享水平，有效促进了研究成果向教学实践的转化，极大提升了学生的数字技术应用技能和创新思维能力。这些成果不仅为新加坡学生在数字化时代的学习和未来发展奠定了坚实基础，也为其他国家和地区的教育数字化进程提供了极具价值的参考范例。

除了新加坡，日韩也在近年出台了一系列推广数字化教育的措施。2018 年，日本政府开始策划 GIGA 计划（“面向所有人的全球创新门户”），旨在为全国近 1300 万名中小学生及近 35000 所学校配备电脑与高速互联网，确保每位学生都能有一台可供使用的智能设备，同时提升教育工作者运用数字工具开展教学及指导学生在线学习的能力。这一计划是日本推动后信息社会（社会 5.0）建设的重要组成部分。早在新冠疫情前，日本数字教育水平便已暴露出问题。学生虽能熟练运用互联网及设备进行娱乐、社交，但在利用网络查找、综合与应用在线信息方面能力欠佳。其中，地方政府预算紧张致使学校学生电脑短缺是重要影响因素。因此，GIGA 计划约三分之二的预算用于购置电脑，以解决硬件不足问题。在实施过程中，为提升教育工作者的能力，日本文部科学省与私营部门合作，为地方政府和学校提供开发数字学习环境的支持与建议。例如，成立由专业人士组成的数字技术咨询委员会，通过举办讲座、开展咨询等方式，助力学校更好地利用数字技术，提升教育质量。同时，文部科学省计划为在职教育工作者开发在线课程，帮助教师掌握在线教学技能以减轻教师工作负担，并借助学习管理系统更高效地评估学生学习进展。GIGA 计划在提升学生学习体验与效果方面成效显著。数字工具为学生交流协作提供了便利，学生可即时分享想法、进行在线编辑，鼓励不爱发言的学生和身体有障碍（如听力受损）的学生通过屏幕参与讨论。此外，人工智能课程练习能够依据学生个体教育需求与理解程度，实现个性化的学习与指导，有效激发学生学习动力。目前，2019 年启动的 GIGA 学校计划即将迈入第二阶段，从 2024 财年起推出升级设备，持续推动日本教育数字化向更高水平发展，为学生适应社会 5.0 时代的发展需求奠定坚实基础。

韩国学生面临着激烈的大学入学竞争，且就业市场对人工智能和数字素养等新技能需求迫切。在此背景下，韩国政府以人工智能为核心，实施大胆的数字化转型战略，构建教师主导、人工智能支持的新型课堂生态。2023 年 6 月，韩国教育部公布“AI 数字教科书推广计划”，旨在通过开发个性化数字教科书推动教育数字化转型。从 2025 年起，数学、英语、信息学和韩语（特殊教育）等学科将率先使用此类教科书。2028 年推广至韩语、社会学、历史、科学和技术 / 家政等学科。这些教科书依据学生个人数据定制学习内容，同时配备屏幕字幕、多语言翻译等功能，满足特殊教育及多元文化背景师生的需求。在课堂变革方面，教师角色从知识传授者转变为学习促进者，更多专注于指导、辅导与培养学生批判性思维。将日常任务交由人工智能工具处理，使人工智能成为教学辅助而非替代。为保障人工智能在教育中的有效融入，韩国通过提供培训和专业学习社区，为教师提供以人为本的人工智能教学技能。韩国政府在 2024 年至 2026 年的 3 年内拨款约 7.4 亿美元用于教师培训，教育部将培养约 34000 名教师，引领其他教师适应数字化转型，助力教师掌握新工具并设计创新教学模式。

在数字基础设施建设与监管方面，韩国实施《中小学数字基础设施改进计划》，为人工智能数字教科书创造良好环境，涵盖设备分发与管理（确保每名学生一台设备及使用指南）、网络环境升级（全面升级学校网络并建立一体化管理系统）以及配备支持人员（数字导师协助授课与设备管理，学校设立技术中心）。同时，《人工智能数字教科书开发指南》提供监管框架，遵循韩国《个人信息保护法》，采取数据加密、安全云存储等严格的数据隐私措施，保障人工智能在教育领域的合法应用。在推进数字化技术应用层面，韩国教育部与各大城市教育办公室合作构建全面评估监测框架，包括在部分学校试点人工智能课件、数字教科书及新型教学实践；收集分析学生表现数据，评估人工智能工具有效性；严格衡量人工智能的融入对学习成果、教师效能和课堂动态的影响。这种迭代方式依据现实反馈不断完善人工智能教育政策，使得数字化转型可以循序渐进在全国落实。韩国的人工智能教育变革有望促进全球对人工智能在教育中的作用的理解，为全球教育带来更有效、公平且具吸引力的学习体验。

# 七、数字教育生态体系的重构与创新

## （一）数字化转型中的师生角色再定位

### 1. 教师从知识传授者到学习引导者的蜕变

在传统教育模式中，教师通常被视为知识的权威传授者，而学生则被动地接受知识。然而，随着互联网与人工智能技术的迅速发展，知识获取渠道日益多元化，学生可以通过各类数字平台便捷地接触和掌握信息，这一趋势正深刻改变着传统的教学关系与教育逻辑。数字时代的教师需具备整合技术、教学法与学科内容知识的能力，从而形成新的教学专业素养框架，以适应教育生态的重构[①]。

在此背景下，教师的角色发生了根本性的重塑。首先，教师正逐步转变为学习资源的整合者与筛选者。在信息爆炸的时代，教师不仅要引导学生识别信息的有效性与权威性，还需帮助他们甄别高价值的学习资源，进而培养学生的信息素养与批判性思维。教师不再是知识的唯一源头，而是引导学生在海量信息中辨析方向、建构认知的导航者[②]。

---

① Mishra, P., & Koehler, M. J. Technological pedagogical content knowledge: Aframework for teacher knowledge. Teachers College Record, 2006.

② ISTE.. ISTE standards for educators. International Society for Technology in Education, 2017.

其次，教师应成为学习过程的设计者与引导者。随着数字技术赋能教学的不断深化，教学已由“知识灌输”转向“情境创设与学习路径规划”。教师应具备数字化教学设计的能力，能够针对不同学习风格设计个性化、情境化的学习路径，创造深度探究与协作互动的学习环境，使学生在实践与建构中实现知识内化①。

此外，教师的角色还延展为学生成长的教练与陪伴者。数字化环境为教师提供了基于学习数据深入了解学生状态的可能性，使个性化指导成为现实。通过精准反馈机制，教师能够在关键学习节点提供针对性支持，促进学生的自主学习意识、创新能力和数字素养的协同发展。教学关注的重心不再只是知识本身，而是学生全面能力的持续成长与深层培育②。

### 2. 学生主体性在数字化环境中的新彰显

数字化转型为学生主体性的发挥提供了前所未有的机遇，其角色也随之发生深刻变化。

首先，学生从被动的知识接受者③转变为主动的知识建构者。数字化环境赋予学习者更大的自主权，使其能够根据自身兴趣与需求自主选择学习内容、制订学习计划并调整学习节奏。通过探索、实践与反思，学生逐步构建出个性化的知识结构，而不再局限于对既有知识的记忆与复述。这种变化与“数字原住民”群体在思维模式和学习行为上的特征高度契合④。

---

① Siemens, G. Connectivism: the learning theory for the digital age. International Journal of Instructional Technology and Distance Learning, 2005.

② Hathie, J., & Timperley, H.the power of feedback. Review of Educational Research, 2007.

③ 崔允漷，张紫红．义务教育课程改革的愿景、使命与方向．教师教育学报，2023.

④ Prensky, M. Digital natives, digital immigrants part 1. On the Horizon, 2001.

其次，学生日益成为数字资源的创造者与传播者。在参与性文化的支持下，学习者逐渐由“知识消费者”转向“知识创造者”，不仅接受信息，还能主动生成内容，如创作数字作品、参与线上项目或开展协同研究。这一角色的转变既拓展了学生表达与传播思想的空间，也打破了传统教学中的时空限制，促进了学习共同体的知识共享[①]。

最后，学生正成长为具备自我管理能力的终身学习者。数字化环境通过提供多样化的学习工具和过程数据支持，使学生能够开展自我监控、自我评估与自我调节，从而提升元认知水平，优化学习策略。技术演进也促使学习者更加意识到终身学习的重要性，进而主动适应知识更新与技能再造的需求，形成可持续发展的学习习惯[②]。

### 3. 人机协同教学的新型师生互动模式

人工智能等数字技术的深度介入，催生了人机协同的新型教学模式，推动了传统师生互动关系的重构。

首先，智能技术正逐步成为教学的“第三极”，构成教师—学生—技术的三元互动结构。AI 助教、智能学习系统等在教学中承担知识讲解、作业批改和学情分析等任务，使教师能够集中精力于批判性思维的引导、情感支持与创造性发展等人工智能尚无法替代的环节[③]。

其次，师生互动正从“同一时空”向“多时空融合”发展。混合学习不仅意味着媒介形式的结合，更强调学习体验在多个场景中的整合与延展。数字平台打破了时空界限，使交流可以发生在课前准备、课

① Jenkins, H., Purushotma, R., Weigel, M., Clinton, K., & Robison, A. J. Confronting the challenges of participatory culture: Media education for the 21st century. MIT Press, 2009.

② Zimmerman, B. J. Investigating self-regulation and motivation: Historical background, methodological developments, and future prospects. American Educational Research Journal, 2008.

③ Luckin, R., & Holmes, W. Intelligence unleashed: An argument for AI in education, 2016.

中探讨与课后反思等不同阶段，构建出“线上 + 线下”“同步 + 异步”的灵活交互体系，从而在保持面对面教学的即时性与温度的同时，增强了交流的持续性与个性化①。

最后，教学互动呈现出个性化与规模化并行的趋势。数字技术正在缓解教育领域长期面临的“质量—规模—成本”三角困境。通过学习数据分析与人工智能辅助系统，教师能够精准掌握学生的认知状态和学习路径，提供针对性的反馈与干预；而智能系统则实现了对学生学习过程的实时追踪与支持，从而在大规模教学场景中实现因材施教，提升教育的普及性与适应性②。

## （二）数字化课程体系的创新设计

### 1. 动态知识图谱与模块化课程重组

在数字教育不断深化的背景下，课程设计正从以教材顺序为导向的线性结构，逐步演进为以知识关联为基础的网络化、图谱化架构。知识图谱技术借助节点与关系的可视化表达，重构了课程内容之间的逻辑结构，使其在结构性与灵活性方面更具优势。相关实证研究表明，基于知识图谱构建的学习路径推荐系统能够有效提升学生对知识间关联的理解与迁移能力，进而提高学习效率与问题解决水平③。知识图谱不仅提供内容导航机制，更在认知建构上发挥了结构性引导作用。

① Garrison, D. R., & Kanuka, H. Blended learning: Uncovering its transformative potential in higher education,2004.

② Christensen, C. M., Horn, M. B., & Staker, H. Is K-12 blended learning disruptive? An introduction to the theory of hybrids. Clayton Christensen Institute for Disruptive Innovation,2013.

③ Cheng, Q., Wang, X., & Zhao, J. Knowledge graph for personalized learning path recommendation in online education. IEEE Transactions on Knowledge and Data Engineering,2021.

知识图谱的应用也已扩展至教学过程的动态监测与调适层面。通过对学生知识结构演化过程的可视化呈现，可识别出其认知盲点与瓶颈，进而为教师调整教学策略提供数据支撑[①]。将知识图谱嵌入教学评估流程，有助于构建以“认知路径”为核心的反馈机制，使教学干预更加精准与实时。

自适应学习系统则进一步实现了知识图谱与个性化教学的深度融合。系统可基于学生当前认知状态与偏好，实时生成个性化的内容推荐路径，提升学习路径的适切性与学习过程的效率[②]。该模式基于认知精度匹配原则，显著提升了高等教育中个体能力发展的弹性空间。

与图谱化结构互为补充的，是模块化课程设计理念的兴起。模块化课程将传统的完整课程拆分为具有明确目标、统一评价标准的学习单元，学生可根据兴趣或职业发展灵活组合模块，形成个性化学习路径[③]。这一策略强化了学习的自主性与课程的可组合性，尤其在跨学科学习与终身教育中展现出强大的适应力。

在医学教育领域，模块化设计被用于重构传统学科的教学逻辑。例如，哈登（Harden，2000）提出每一教学模块应明确其能力目标、知识点图谱、学习活动设计与评价机制，形成结构封闭且目标导向的教学单元[④]。这一理念与威金斯和麦克泰格（Wiggins & McTighe，2005）提出的“反向设计”模式相契合，均强调从预期学习成果出发进行课程

---

① Liu, Y., & Su, Y. Knowledge graph-based learning guidance in K-12 education. Journal of Computer Assisted Learning, 2017.

② Hwang, G. J. Definition, framework and research issues of smart learning environments-a context-aware ubiquitous learning perspective. Smart Learning Environments,2014.

③ Rossiter, J. A., & Naylor, R. Modular design in higher education. Higher Education Pedagogies,2017.

④ Harden, R. M. the integration ladder: a tool for curriculum planning and evaluation. Medical Education,2000.

设计[①]。

基础教育中也出现了以核心素养为导向的模块化融合实践。通过将多个相关学科整合为“全球视野”“解决问题”等能力的主题模块，课程得以从内容整合走向能力融合[②]。此类课程重组不仅优化了课程结构，也增强了学生的系统思维与迁移能力，同时赋予教师更大的课程实施与创新的空间。

在线教育平台亦成为图谱化与模块化融合应用的重要场域。基于慕课学习者大数据分析的结果显示，知识图谱引导下的模块化课程在完成率、自主性与测试成绩方面均优于传统线性结构课程，为在线学习提供了结构性优化的实证支撑[③]。

此外，在STEM教育中，课程内容的图谱化与模块化整合被认为是提升跨学科素养与创新能力的关键路径。构建以复杂问题为导向的多学科课程网络，例如将能源科学、环境伦理与城市工程整合至“可持续发展”主题单元，有助于学生在多重视角中构建知识体系与实践能力[④]。

综上所述，知识图谱与模块化课程的融合不仅体现为教育技术形态的革新，更代表着课程结构向“能力为本”“认知驱动”方向的根本转变。这一趋势标志着现代课程设计理念正逐步摆脱传统“内容堆叠”逻辑，迈向更具结构性、灵活性与适应性的教育未来。

---

① Wiggins, G., & McTighe, J. Understanding by design,2005.

② Drake, S. M., & Burns, R. C. Meeting standards through integrated curriculum,2004.

③ Shah, D. By the numbers: MOOCS in 2016. Class Central Report,2016.

④ Bybee, R. W. the case for STEM education: Challenges and opportunities. National Science Teachers Association,2013.

### 2. 虚实融合的沉浸式课程开发实践

虚拟现实（VR）、增强现实（AR）与混合现实（MR）技术的广泛应用，正在重塑教育内容的呈现方式与学习体验的组织逻辑。综合已有的实证研究，VR在空间认知、情境再现与情绪调节等方面展现出明显优势，尤其适用于高操作性、高风险或高抽象性的教学场景[①]。相关数据显示，VR技术在医学训练、工程仿真及心理适应等领域显著提升了学习成效与技能迁移效率。

医学教育中的实践进一步验证了VR在空间建构与认知理解方面的应用潜力。借助VR人体解剖系统，学习者能够在三维交互环境中探索复杂的人体结构，突破传统物理模型的静态限制，实现多角度、多层次的信息处理，进而提升对深层概念的理解与内化。这种集操作性、反馈性与反思性于一体的学习情境，有效促进了认知的主动构建与结构整合。

增强现实技术在教学中的主要价值则体现在其对真实情境的数字扩展与即时交互的能力。通过将数字信息叠加于现实世界，AR有助于实现抽象概念的可视化呈现与复杂过程的动态解析，在科学教育与协作学习中具有广泛的应用前景[②③]。例如，生态系统学习项目通过将AR技术与实地探究融合，使学生在观察真实环境的同时获取数字化数据支持，从而增强其科学素养与环境意识[④]。

---

① Jensen, L., & Konradsen, F. A review of the use of virtual reality head-mounted displays in education and training. Education and Information Technologies, 2018.

② Azuma, R., Baillot, Y., Behringer, R., Feiner, S., Julier, S., & MacIntyre, B. Recent advances in augmented reality. IEEE Computer Graphics and Applications,2001.

③ Wu, H. K., Lee, S. W. Y., Chang, H. Y., & Liang, J. C. Current status, opportunities and challenges of augmented reality in education. Computers & Education, 2013.

④ Kamarainen, A. M., Metcalf, S., Grotzer, T., Browne, A., Mazzuca, D., Tutwiler, M. S., & Dede, C. EcoMOBILE: Integrating augmented reality and probeware with environmental education field trips. Computers & Education, 2013.

工程领域的实践亦充分证明了 AR 技术在提升实验操作精度与概念理解方面的有效性。集成 AR 的实验系统不仅提高了学生的安全意识,也促进了对不可见物理现象的深层理解[①]。在更大范围的 STEM 教育应用中，AR 技术对学习动机与学习成果的正向影响也得到证实，呈现出中等到大的效应水平[②]。

作为 VR 与 AR 的融合进阶形态，混合现实（MR）在沉浸式学习情境的构建中扮演着关键角色。该技术通过深度融合真实的物理交互与虚拟的数据模型，显著拓展了学习者的感知边界与概念理解层次[③]。例如，南洋理工大学的化学 MR 课程通过动态呈现化学键能、分子运动等微观现象，使学生在操控模型的同时获取多维反馈，进而实现跨层次、跨模态的认知融合。

尽管沉浸式技术日益成熟，但它在教育场景中的普及与评估依然面临现实障碍。当前系统性的研究指出，成本高昂、设备门槛高以及评估方法匮乏是制约其推广的主要因素[④]。尤其在评估层面，传统纸笔测试难以有效捕捉沉浸式学习中的行为模式与认知深度，亟须构建涵盖多模态表现与过程性指标的多元评估体系。可见，沉浸式课程的进一步发展不仅依赖于技术升级，更有赖于教育评价观念与方法的同步变革。

---

① Martín-Gutiérrez, J., Fabiani, P., Benesova, W., Meneses, M. D., & Mora, C. E. Augmented reality to promote collaborative and autonomous learning in higher education. Computers in Human Behavior, 2005.

② Ibáñez, M. B, & Delgado-Kloos, C. Augmented reality for STEM learning: Asystematic review. Computers & Education, 2018.

③ Hamilton, K., & Olenewa, J. Augmented reality in education. Proceedings of SIGGRAPH Asia,2010.

④ Di Serio, Á., Ibáñez, M. B., & Kloos, C. D. Impact of an augmented reality system on students' motivation for a visual art course. Computers & Education, 2013.

### 3. 跨学科数字素养课程的系统建构

在数字社会不断演进与复杂化的背景下，数字素养已成为现代公民不可或缺的核心能力，其内涵远超基础的技术操作技能。三维数字素养框架——技术、认知与社会情感——揭示了数字能力的复合性结构①。这一模型强调，数字素养不仅包括数字工具的使用与信息检索，还涵盖批判性思维、网络身份管理、伦理判断等深层素质，推动了数字能力从“操作技能”走向“认知发展与价值引导”的拓展路径。

基于此理论基础，数字素养的系统培养逐步向嵌入式、分阶段的纵深路径推进。在高等教育领域，建议构建递进式的能力培养机制，将数字素养模块有机嵌入各学科教学中，通过“初级—中级—高级—专业化”的连续性设置，使学生在不同学习阶段都能获得持续发展与情境适配的能力提升②。这种“课程浸润”模式不仅增强了教学的连贯性，也提升了学生面对复杂任务时的数字决策能力。

在学科融合层面，数字素养表现为横跨技术与非技术领域的综合能力结构。范拉尔等（Van Laar et al, 2017）基于对 72 项研究的系统回顾，将数字时代的核心技能划分为技术性技能（如 ICT 操作、媒体素养、信息管理）与非技术性技能（如批判性思维、创造力、伦理意识与协作能力）两个维度，并强调二者应在课程设计中实现协同整合，以满足复合型人才培养的现实需求③。

计算思维的引入为数字素养的跨学科整合提供了关键支点。该概念最初由温（Wing，2006）提出④，强调其不仅适用于计算机编程，更

---

① Ng, W. Can we teach digital natives digital literacy?, Computers & Education, 2012.

② Beetham, H., & Sharpe, R. Digital literacies: A framework for developing the understanding of teachers. European Journal of Teacher Education, 2010.

③ Van Laar, E., van Deursen, A. J., van Dijk, J. A., & de Haan, J. the relation between 21st-century skills and digital skills: A systematic literature review. Computers in Human Behavior, 2017.

④ Wing, J. M. Computational thinking. Communications of the ACM, 2006.

可作为一种通用的认知工具应用于各学科领域。在教学实践中，将计算思维嵌入语文、数学、科学等学科的日常教学，较之独立课程模式更能有效提升学生的模型建构、抽象概括与算法表达能力①。这种嵌入式策略不仅促进了学科间的知识迁移，也显著增强了学生跨情境问题的解决能力。

项目式学习则构建了跨学科数字素养课程的实施平台。在西班牙的高中教学实践中，通过"数字公民"项目组织学生在真实社会情境中运用数字工具协作解决社区问题，显著提升了学生的技术能力、批判表达力与社会责任感②。这类"任务导向＋情境参与"的教学模式不仅促进了认知发展，还体现了数字素养与道德教育融合的价值导向。

随着数字技术的广泛渗透，课程设计中对伦理维度的重视日益提升。佛罗里迪（Floridi，2013）从数字伦理角度出发，强调应将隐私保护、数据公正与技术责任等核心原则纳入数字素养课程，以构建面向未来的技术伦理文化③。在政策层面，欧盟推出的 DigComp 2.1 能力框架系统化界定了数字素养的五大领域与 8 个能力水平，包括信息处理、沟通协作、数字创作、安全防护与问题解决，为各国制定课程标准与评估体系提供了实践依据④。

然而，若要全面评估学生在复杂情境下的数字能力表现，传统的标准化测试方法已显不足。巴克汉姆（Buckingham，2015）提出，数字素养的有效评价应采用项目作业、电子档案袋、表现性任务等多元

---

① Grether, S., & Yadav, A. Computational thinking and media & information literacy: An integrated approach to teaching twenty-first century skills. TechTrends,2016.

② Pérez-Escoda, A., Castro-Zubizarreta, A., & Fandos-Igado, M. Digital skill in the Z generation: Key questions for a curricular introduction in primary school. Comunicar, 2019.

③ Floridi, L. e ethics of information. Oxford University Press,2013.

④ European Commission. DigComp 2.1:e Digital Competence Framework for Citizens with eight proficiency levels and examples of use. Publications Office of the European Union,2019.

化评估方式[①]。这些评估机制不仅能够整合技能、认知与价值三重维度，更能够捕捉学生在真实问题情境中的综合表现与成长轨迹。

综上所述，跨学科数字素养课程的系统建构不仅是教学内容的技术更新，更是教育理念与评价体系的深层变革。通过整合技术工具、认知发展机制与伦理价值目标，构建递进式、项目化、融合化的教学系统，有望实现对学生核心能力的全面培育，从而有效推动教育质量、学习公平与社会责任的协同提升。

## （三）教育评价体系的智能化转型

### 1. 全过程学习行为数据采集系统

传统的教育评价多依赖于测验成绩、作业完成情况和课堂表现等静态指标，难以全面呈现学生的学习过程与发展轨迹。随着学习管理系统（LMS）与智能学习平台的普及，教育评价逐渐向动态监测与行为数据采集方向演进。数字化学习环境为教育者提供了系统记录学习者行为数据的能力，进而支持深层的学习理解与实时的教学干预[②]。

当前，多源异构数据融合已成为学习过程建模的重要趋势。学习行为可被划分为学习过程数据、内容交互数据、协作交流数据以及评估反馈数据，这四类信息构建起学习者的行为画像[③]。以普渡大学的 Course Signals 系统为例，该系统通过集成学习平台数据与历史学业表现，预测学生学习风险并提供早期预警，有效提升了学习坚持率

① Buckingham, D. Defining digital literacy: What do young people need to know about digital media? Nordic Journal of Digital Literacy,2015.

② Siemens, G., & Long, P. Penetrating the fog: Analytics in learning and education. EDUCAUSE Review, 2011.

③ Baker, R. S., & Inventado, P. S. Educational data mining and learning analytics. In J. A. Larusson & B. White (Eds.), Learning analytics: From research to practice,2014.

与课程完成率①。

亚洲地区的实践进一步拓展了数据采集的维度。例如，筑波大学开发的 LEAF 系统，通过整合智能设备、课堂行为观察与线上学习平台，实现对学习轨迹、课堂参与度和情绪状态的综合捕捉，为教师提供了实时调控依据②。由此，数据采集从静态呈现转向动态反馈，推动教育理解范式的根本转变。

数据的价值不仅在于记录，更关键在于其是否能转化为可操作的反馈机制。研究显示，基于行为数据的个性化反馈能有效促进学生自我调节与学习投入③。如悉尼大学开发的 SRES 系统，教师可设定条件，系统根据学生状态推送反馈信息，建立起数据驱动下的师生互动通道④。与此同时，学习分析的伦理边界也逐渐受到关注。在敏感数据的处理过程中，尊重学生知情权、选择权与隐私保护成为实施前提⑤。

在数据形态演化方面，多模态数据分析正逐步成为研究热点。通过融合语音、视觉、行为与生理信号，学习过程的微观机制得以被精细化建模⑥。例如，Affective Learning Companion 系统综合表情识别与行

① Arnold, K. E., & Pistilli, M. D. Course signals at Purdue: Using learning analytics to increase student success. In Proceedings of the 2nd International Conference on Learning Analytics and Knowledge,2012.

② Ogata, H., Uosaki, N., Mouri, K., & Kondo, M. Learning analytics for supporting seamless language learning. International Journal of Distance Education Technologies, 2018.

③ Pardo, A., Jovanovic, J., Dawson, S., Gašević, D., & Mirriahi, N. Using learning analytics to scale the provision of personalised feedback. British Journal of Educational Technology, 2019.

④ Liu, D. Y. T., Bartimote-Auffiick, K., Pardo, A., & Bridgeman, A. J. Data-driven personalization of student learning support in higher education. In Learning analytics: Fundaments, applications, and trends,2017.

⑤ Prinsloo, P., & Slade, S. Ethics and learning analytics: Charting the (un)charted. In Handbook of learning analytics,2017.

⑥ Blikstein, P., & Worsley, M. Multimodal learning analytics and education data mining: Using computational technologies to measure complex learning tasks. Journal of Learning Analytics, 2016.

为追踪，捕捉学习过程中的情绪波动，为情境式教学提供支持[①]。这类系统尤其适合探测传统测评难以触及的“学习深度”与情感参与。

然而，模态异质性带来融合难题，不同数据源在时间粒度、语义层级与结构类型上的差异，要求构建复杂的数据对齐与语义提取机制[②]。因此，教育数据应用的核心，不在于获取得越多越好，而在于如何将之转化为有价值的教学洞察。

### 2. 基于大数据的综合素质评价模型

传统以考试成绩为中心的评价体系忽视了学生个体能力的全面性。大数据驱动的综合素质评价模型通过构建多维度指标系统，试图捕捉学生在认知、情感、社交与身体发展等方面的成长轨迹。理论支持来自“21 世纪技能评估框架”（ATC21S），该框架将能力划分为思维方式、工作方式、工具使用与生活方式四个维度，强调多元能力协同发展的重要性[③]。

中国实践方面，上海市的中学生综合素质评价系统采用五大主维度（道德品质、学业表现、身心健康、艺术素养、社会实践），并进一步细化为 3 级指标体系，明确了评价的结构性和操作规范[④]。实证研究表明，各维度间并非割裂存在，而是呈现出显著的内在耦合关系，例如

---

① D'Mello, S., & Graesser, A. Technology-based assessments for 21st century skills: eoretical and practical implications from modern research. Information Age Publishing,2015.

② Worsley, M. Multimodal learning analytics as a tool for bridging learning theory and complex learning behaviors. In Proceedings of the 2014 ACM workshop on Multimodal Learning Analytics Workshop and Grand Challenge,2014.

③ Griffin, P., McGaw, B., & Care, E. Assessment and teaching of 21st century skills. Springer,2012.

④ Zhou, J. Exploring the design framework of technology-based assessment in a comprehensive proficiency evaluation system. Frontiers of Education in China,2018.

学业成绩与创新能力、社会责任与实践能力之间具有高度正相关性[①]。这也提示我们评价设计应注重能力的整合性逻辑，避免“维度并列”的平面化误区。

大数据分析进一步推动个性化素质评价的实现。学习分析技术可识别学习路径与策略特征，构建符合学习者节奏与风格的动态评价体系[②]。如在编程教育中，隐马尔可夫模型被用以识别学生解题策略与思维路径[③]；而在教育游戏场景中，隐性评估机制被嵌入学习过程，使评价自然发生而非外部介入[④]。

认知导师系统通过过程分析构建学生的认知模型，不仅反馈对错结果，更揭示思维路径与策略合理性，为师生双方提供了实时可视的决策依据[⑤]。协作评价维度也在大数据辅助下获得扩展，社会网络分析揭示了群体中知识流动与结构分工模式[⑥]，SCAT 系统则通过语义分析评估学生在小组讨论中的知识建构深度与论证质量[⑦]。

新型众包平台 Perusall 通过同伴批注、集体评价等机制激发协作建

① Cui, Y., Lei, H., & Zhou, W. the correlation between student competencies and academic achievement in Chinese high schools. Studies in Educational Evaluation,2019.

② Papamitsiou, Z., & Economides, A. A. Learning analytics and educational data mining in practice: A systematic literature review of empirical evidence. Journal of Educational Technology & Society, 2014.

③ Kalender, M., & Berges, M. Assessing programming competencies using program states: A data-driven approach. In Proceedings of IEEE Global Engineering Education Conference (EDUCON),2014.

④ Shute, V. J., Ventura, M., & Kim, Y. J.. Assessment and learning of qualitative physics in Newton's Playground. the Journal of Educational Research,2016.

⑤ Koedinger, K. R., & Corbeth, A. Cognitive tutors: Technology bringing learning sciences to the classroom. In The Cambridge handbook of the learning sciences,2006.

⑥ Saqr, M., Fors, U., & Tedre, M. How learning analytics can early predict under- achieving students in a blended medical education course. Medical Teacher, 2018.

⑦ Wise, A. F., & Cui, Y. Learning communities in the crowd: Characteristics of content related interactions and social relationships in MOOC discussion forums. Computers & Education,2018.

构与深度参与，系统则以算法衡量参与度与内容质量，为群体智能评价提供了新视角[①]。但在群体评价中，如何合理归因并保持评价的公平性仍是挑战，需综合使用自评、互评、教师评估与平台数据等多元源头，实现评价的系统性与公平性[②]。

### 3. 区块链技术在学业认证中的应用

现行学历认证机制存在验证链条冗长、跨机构数据壁垒等问题，严重影响学习成果的可迁移性与跨境可验证性。区块链技术因具备去中心化、不可篡改与透明可验证等特性，成为学业认证体系创新的关键支撑。基于区块链的学习记录系统可实现学习成就的永久保存与权属自控，为学习者提供可信且可流通的能力证明[③]。

MIT 的 Blockcerts 系统赋予学习者对证书的自主控制权，颁发后的学历信息通过加密方式存储于区块链中，第三方机构可无需中介即可进行真实性验证[④]。新西兰教育部构建的区块链学习护照系统，则打破了正式与非正式学习之间的界限，记录包括在线学习、工作坊参与等碎片化学习经历，提升了个体终身学习的认证连续性与可视性。

智能合约进一步实现了认证逻辑的自动化表达。通过将学习目标转化为合约条件，当学习者完成某一能力要求后，系统即可自动颁发

---

① Miller, K., Lukoff, B., King, G., & Mazur, E. Use of a social annotation platform for pre-class reading assignments in a fipped introductory physics class. Frontiers in Education,2018.

② Swiecki, Z., Ruis, A. R., Farrell, C., & Shaffer, D. W. Assessing individual contributions to collaborative problem solving: A network analysis approach. Computers in Human Behavior,2019.

③ Grech, A., & Camilleri, A. F. Blockchain in education. Publications Office of the European Union,2017.

④ Schmidt, P. Blockcerts—An open infrastructure for academic credentials on the blockchain. MLLearning, MIT Media Lab,2017.

认证，无须人工介入[①]。欧盟“学习通行证”项目借助智能合约实现了不同教育机构与认证主体间的标准协调，构建起多边互认的认证生态系统[②]。

在“学习即价值”的视角下，区块链拓展了教育成果的经济意义。基于学习积分的“学习即货币”系统将有意义的学习行为转化为可验证资产，在教育平台间流通[③]。开放徽章体系结合区块链可为微证书提供详细的评估标准、能力证据与颁发背景，显著提升证书的可信度与使用价值[④]。

随着国际教育流动性的增强，Groningen Declaration 倡议推动全球范围内的学历与学分互认，区块链正成为这一进程中的技术基础[⑤]。然而，隐私保护与标准统一问题依然严峻。在开放与安全之间寻找平衡，防止因技术壁垒造成新的数字鸿沟，是区块链教育应用亟待解决的现实问题[⑥]。

---

① Rooksby, J., & Dimitrov, K. Trustless education? A blockchain system for university grades. In New Value Transactions: Understanding and Designing for Distributed Autonomous Organisations, Workshop at DIS,2017.

② Alammary, A., Alhazmi, S., Almasri, M., & Gillani, S.. Blockchain-based applications in education: A systematic review. Applied Sciences, 2019.

③ Sharples, M., & Domingue, J. e blockchain and kudos: A distributed system for educational record, reputation and reward. In European Conference on Technology Enhanced Learning ,2016.

④ Muilenburg, L. Y., & Berge, Z. L. . Digital badges in education: Trends, issues, and cases. Routledge,2016.

⑤ Bollaert, H., Bostyn, D. H., Castelein, C., & Verschelden, C. . Academic recognition in the Bologna Process: a blockchain approach. Proceedings of SEFI Annual Conference,2019.

⑥ Ocheja, P., Flanagan, B., & Ogata, H.. Connecting decentralized learning records: a blockchain based learning analytics platform. In Proceedings of the 9th International Conference on Learning Analytics & Knowledge,2019.

## （四）教育治理的数字化转型

### 1. 智慧教育管理平台的架构设计

随着信息技术的迅猛发展，教育治理的数字化转型已成为全球教育改革的重要方向。智慧教育管理平台作为核心基础设施，其架构设计不仅决定了教育管理效率，也深刻影响着教育公共服务体系的建设逻辑。智慧平台的建设应遵循“集成化、智能化、服务化”的基本原则，从技术架构、数据流程、用户体验、安全合规等多维度进行系统统筹。

在技术架构层面，智慧教育平台通常包括基础设施层、数据层、应用层与服务层四个层级。其中，基础设施层提供计算资源与网络环境保障；数据层负责多源异构数据的采集、清洗、整合与标准化处理；应用层集成各类教育业务子系统；服务层则连接不同用户，提供个性化功能与数据接口[①]。

教育数据科学的快速发展，使得治理模式逐步由经验判断转向数据驱动[②]。这要求平台设计必须打通“数据生成—分析—决策—反馈”的全链条闭环，实现对教学行为、管理流程与政策执行效果的实时监控与动态优化。

与此同时，用户中心化的人本理念成为架构设计的重要导向。平台功能不仅要服务教育管理者，更需满足教师、学生、家长等不同主体的差异化需求，提供简洁、直观、可定制的服务体验[③]。

数据安全与隐私保护同样是平台建设不可回避的底线。应强化身

---

① Williamson, B., & Eynon, R. Historical and ethical perspectives on data-based education governance. Journal of Educational Administration and History, 2020.

② Williamson, B. Big Data in Education: the Digital Future of Learning, Policy and Practice. Sage,2017.

③ Selwyn, N. What's the problem with learning analytics. Journal of Learning Analytics,2019.

份认证、权限控制、数据加密与匿名化处理等技术手段，建立符合伦理与法规要求的教育数据治理机制①。此外，随着技术日新月异，平台架构应具备模块化与微服务特征，以便在引入人工智能、大数据、区块链等新兴技术时实现灵活集成与扩展②。

## 2. 数据驱动的教育决策支持系统

数据驱动的教育决策支持系统已成为教育治理现代化的重要工具，其核心在于借助技术手段实现从数据到洞察、从洞察到行动的闭环支持。数据素养已被认为是决策者必须具备的能力，旨在将复杂数据转化为可理解、可操作的知识③。

系统架构通常涵盖数据采集与集成、数据分析与挖掘、预测与评估、可视化与交互四大功能模块。数据采集方面，系统需整合课堂行为、学生成长、教师发展与资源配置等多源异构数据，并通过统一的接口规范实现数据的标准化与结构化处理④。

在数据分析层面，应综合应用学习分析与教育数据挖掘方法，从中发现潜在规律与发展趋势⑤。如采用自然语言处理分析教研文本，或借助机器学习挖掘学生成绩波动与教学策略之间的关系，从而提升管理与教学的科学性。

---

① Prinsloo, P., & Slade, S. An elephant in the learning analytics room: the obligation to act. In Proceedings of the Seventh International Learning Analytics & Knowledge Conference,2017.

② Luckin, R., & Holmes, W. Intelligence unleashed: An argument for AI in education. Pearson,2016.

③ Mandinach, E. B., & Gummer, E. S. What does it mean for teachers to be data literate: Laying out the skills, knowledge, and dispositions. Teaching and Teacher Education, 2016.

④ Piety, P. J., Hickey, D. T., & Bishop, M. J. Educational data sciences: Framing emergent practices for analytics of learning , organizations, and systems. In Proceedings of the Fourth International Conference on Learning Analytics and Knowledge,2014.

⑤ Baker, R. S., & Inventado, P. S.. Educational data mining and learning analytics. In Learning analytics: From research to practice,2014.

预测与评估模块使系统具备前瞻性功能，可识别辍学风险、评估学业趋势与资源投入成效，为政策制定与教育干预提供精准依据①。而可视化模块则通过数据图表、动态面板等方式实现数据对决策者的可读性转化，辅助其迅速理解并作出决策②。

需要警惕的是，大数据并非绝对中立，决策系统的设计与使用亦可能加剧数字鸿沟或数据偏见③。因此，数据驱动治理必须引入伦理考量与公平机制，确保算法过程透明、数据解释公正，构建可信赖的决策支持生态。

### 3. 教育公共服务平台的协同机制

教育公共服务平台是连接政府、学校、家庭与社会的重要枢纽，其协同机制的建设决定了教育资源配置的效率与公平。高效的协同机制不仅能推动信息共享与资源流通，更能保障教育政策的精准落地与服务体验的优化。

横向协同方面，平台需打破部门壁垒，实现教育、人社、财政、公安等多部门系统间的数据互联与业务联动，构建"信息一体化、流程标准化、服务协同化"的平台生态④。纵向协同层面，应建立国家、省、市、县、校五级联动机制，实现政策传导、资源分配与反馈机制的上

① Ferguson, R., & Buckingham Shum, S. Social learning analytics: Five approaches. In Proceedings of the 2nd International Conference on Learning Analytics and Knowledge,2012.

② Verbert, K., Duval, E., Klerkx, J., Govaerts, S., & Santos, J. L. Learning analytics dashboard applications. American Behavioral Scientist, 2013.

③ Boyd, D., & Crawford, K. Critical questions for big data: Provocations for a cultural, technological, and scholarly phenomenon. Information, Communication & Society, 2012.

④ Breiter, A., & Light, D. Data for school improvement: Factors for designing effective information systems to support decision-making in schools. Educational Technology & Society,2006.

下贯通[①]。

服务协同要求将招生、学籍、评价、教师管理等功能一站式整合，提升教育服务的便捷性与精准性[②]。数据协同是系统性支撑，通过教育数据共享机制，打通数据孤岛，实现跨系统跨层级的信息联动，为教育治理提供决策支撑[③]。

平台还需关注技术协同与评价协同。技术协同强调平台间的互操作性与模块化兼容，支持不同教育系统间无缝对接[④]；评价协同则鼓励多元主体参与，如教师、学生、家长与管理者，通过反馈机制实现服务的持续优化[⑤]。

最后，平台建设亦应促进知识共建与能力成长，支持教育工作者的专业交流与实践传播[⑥]，同时兼顾制度、文化与能力的融合重构[⑦]。在全球教育一体化趋势下，还需支持跨国互认与合作交流，推动教育治理的全球适配[⑧]。

---

① Spillane, J. P., Parise, L. M., & Sherer, J. the Organizational routines as coupling mechanisms: Policy, school administration, and the technical core. American Educational Research Journal, 2011.

② Passey, D. Digital technologies supporting person-centered approaches to assessment for learning across the curriculum. In M. J. Spector, B. B. Lockee, & M. D. Childress (Eds.), Learning, design, and technology,2016.

③ Wayman, J. C.. For education data systems, interoperability is more than technical. In A. J. Bowers, A. R. Shoho, & B. G. Barneth (Eds.), Using data in schools to inform leadership and decision making,2015.

④ Lukaitis, S., & Davey, B. Achieving improved business process integration through the use of web services in educational institutions. Issues in Informing Science and Information Technology, 2008.

⑤ Ransome, P. e complexities of stakeholder theory in higher education with many groups of stakeholders. International Journal of Management in Education, 2020.

⑥ Brown, J. S., & Duguid, P. Knowledge and organization: A social-practice perspective. Organization Science, 2001.

⑦ Zhao, Y., & Lei, J. New technology. In G. Sykes, B. Schneider, & D. N. Plank (Eds.), Handbook of education policy research, 2009.

⑧ Marginson, S. the worldwide trend to high participation higher education: Dynamics of social stratification in inclusive systems. Higher Education,2016.

## （五）教育数字化的伦理与安全

### 1. 学习数据隐私保护的制度设计

随着智慧教育的迅速发展，学习数据的生成、采集和分析日益频繁，学习数据隐私保护成为教育数字化进程中的关键议题。学习数据不仅包含学生的个人信息，还涉及他们的学习行为、学习成果、心理特征等敏感信息，一旦泄露或滥用，将对学生的成长和发展产生不良影响[①]。因此，构建科学合理的学习数据隐私保护制度，是教育数字化健康发展的必然要求。

在立法层面，许多国家已建立了针对学习数据保护的法律框架。例如，美国的《家庭教育权利与隐私法案》（FERPA）和《儿童在线隐私保护法》（COPPA）对学生数据隐私保护有详细规定；欧盟的《通用数据保护条例》（GDPR）则对教育数据处理提出了严格要求[②]。然而，尽管这些法律框架为学习数据保护提供了基础，但随着技术的快速发展和教育数据应用的不断创新，现有法律仍存在适应性不足的问题[③]。

在规范层面，需要建立全面的学习数据隐私保护标准体系。国际标准化组织（ISO）发布的 ISO/IEC 27001 信息安全管理体系标准为组织构建数据安全管理体系提供了框架[④]，但教育领域还需要更加专业和具体的标准。近年来，已有一些专门针对教育数据的标准开始出现。例如，美国学校行政人员协会（ASCD）和学生数据隐私联盟共同发布了

---

① Williamson, B. Big data in education: e digital future of learning, policy and practice, 2017.

② Polonetsky, J., & Jerome, J. Student data: Trust, transparency, and the role of consent. Future of Privacy Forum, 2014.

③ Rubel, A., & Jones, K. M. Student privacy in learning analytics: An information ethics perspective. e Information Society, 2016.

④ ISO. ISO/IEC 27001:2013 Information technology — Security techniques — Information security management systems—Requirements.International Organization for Standardization, 2013.

“学生数据原则”，为教育数据收集、使用和分享提供了伦理指导[①]。

在机制层面，学习数据隐私保护需要构建多方参与的治理机制。有效的数据治理需要教育机构、教师、学生、技术提供商等多方共同制定政策和实践[②]。在实践中，英国开放大学建立了学习分析道德框架，明确了数据收集和使用的原则，以及各方的责任和权利[③]。

监督和问责机制也是学习数据隐私保护的重要组成部分。德拉克斯勒和格雷勒（Drachsler & Greller，2016）提出了 DELICATE 清单，为学习分析中的伦理和隐私问题提供了评估框架，包括决定、解释、合法性、知情、同意、匿名、技术、外部等维度[④]。这一框架可以帮助教育机构评估其数据实践的伦理合规性。

在技术层面，需要运用先进技术手段保障学习数据隐私的安全。随着技术的发展，数据脱敏、数据匿名化、联邦学习、区块链等技术为学习数据隐私保护提供了新的解决方案[⑤]。例如，李等（Li et al，2019）提出了一种基于区块链的教育数据共享框架，允许学习者控制自己的数据访问权限，同时保证数据的不可篡改性[⑥]。此外，差分隐私作为一种数学严格的隐私保护技术，近年来也开始在教育数据分析中

---

① Student Privacy Pledge. Student Privacy Pledge: SIIA & FPF Pledge to Safeguard Student Privacy. Future of Privacy Forum and So ware & Information Industry Association, 2014.

② Pardo, A., & Siemens, G. Ethical and privacy principles for learning analytics. British Journal of Educational Technology, 2014.

③ Sclater, N., & Bailey, P. Code of practice for learning analytics, 2015.

④ Drachsler, H., & Greller, W. Privacy and analytics: It's a DELICATE issue a checklist for trusted learning analytics. In Proceedings of the Sixth International Conference on Learning Analytics & Knowledge, 2016.

⑤ Gursoy, M. E., Liu, L., Truex, S., Yu, L., & Wei, W.Utility-aware synthesis of differentially private and athack-resilient location traces. In Proceedings of the 2018 ACM SIGSAC Conference on Computer and Communications Security, 2017.

⑥ Li, J., Chen, X., Huang, X., & Chen, K. A secure sharing framework for education data using blockchain technology. In Proceedings of the 2019 IEEE International Conference on Teaching, Assessment, and Learning for Engineering, 2019.

得到应用[①]。

在文化和教育层面，需要加强数据隐私保护意识和能力建设。技术和制度的保障离不开人的因素，提高教育系统各主体的数据素养和隐私保护意识至关重要[②]。利文斯顿等人( Livingstone et al, 2019 )对欧洲青少年的数字素养研究发现，虽然他们是“数字原住民”，但对数据隐私的理解和保护能力仍然不足[③]。因此，学校有责任培养学生的数据素养，包括理解数据收集和使用的方式、保护个人隐私的方法以及数据权利的概念。

需要注意的是，学习数据隐私保护不应阻碍教育数据的合理利用。过度的保护措施可能会限制数据教育价值的发挥，影响教育创新和发展。因此，在设计学习数据隐私保护制度时，应坚持“保护与利用并重”的原则，在确保数据安全的前提下，促进数据的合理流动和创新应用（Ferguson et al., 2016）。伊森塔勒和舒马赫（Ifenthaler & Schumacher, 2016）的研究表明，当学习者理解数据收集的目的和价值后，他们更愿意分享数据[④]。因此，透明的数据政策和有效的沟通对于平衡隐私保护和数据利用至关重要。

### 2. 人工智能教育的伦理边界探讨

人工智能在教育中的广泛应用为个性化教学、学习分析和智能辅

---

① Daries, J. P., Reich, J., Waldo, J., Young, E. M., Whithinghill, J., Ho, A. D., Seaton, D. T., & Chuang, I. Privacy, anonymity, and big data in the social sciences. Communications of the ACM, 2014.

② Pangrazio, L., & Selwyn, N. 'Personal data literacies': A critical literacies approach to enhancing understandings of personal digital data. New Media & Society, 2019.

③ Livingstone, S., Stoilova, M., & Nandagiri, R. Children's data and privacy online: Growing up in a digital age. London School of Economics and Political Science, 2019.

④ Ifenthaler, D., & Schumacher, C. Student perceptions of privacy principles for learning analytics. Educational Technology Research and Development, 2016.

导等领域带来了革命性进展，但同时也引发了诸多伦理争议，亟须对其边界进行深入探讨与规范[①]。

第一，人工智能教育必须尊重人的主体性。教育的根本使命在于促进人的全面发展，而非将技术工具置于中心地位[②]。当前部分人工智能教育应用中存在技术中心主义倾向，忽视了教师的引导作用与学生的主动性，这不仅削弱了人本教育的核心价值，也可能导致学习过程的机械化与异化[③]。在此背景下，应坚持“以人为本”的设计理念，将人工智能作为教师与学生之间的辅助性桥梁，而非主导教学活动的替代者。

第二，保障算法的公平性与透明性是人工智能教育系统应当遵守的基本原则。教育应用中常见的算法系统，如学习推荐引擎、智能评分系统等，若未妥善设计，可能在无意识中固化既有的社会不平等[④]。研究显示，在优化算法时考虑群体特征调整机制，可有效减少因性别、种族或社会经济背景造成的偏差[⑤]。同时，算法的可解释性也尤为关键。用户应当理解算法的运作逻辑与决策依据，以避免“黑箱决策”对学生评价与教学方向造成负面影响[⑥⑦]。

第三，数据隐私和安全是人工智能教育的底线保障。人工智能的精

---

① Holmes, W., Bialik, M., & Fadel, C. Artificial Intelligence in Education: Promises and Implications for Teaching and Learning. Center for Curriculum Redesign, 2021.

② Selwyn, N. Should Robots Replace Teachers? AI and the Future of Education. Polity Press, 2019.

③ Biesta, G. Should teaching be re(dis)covered? Introduction to a symposium. Studies in Philosophy and Education, 2019.

④ Baker, R. S., & Hawn, A. Algorithmic bias in education. International Journal of Artificial Intelligence in Education, 2021.

⑤ Kizilcec, R. F., & Lee, H. Algorithmic fairness in education. In Proceedings of the Tenth International Conference on Learning Analytics & Knowledge, 2020.

⑥ Holstein, K., McLaren, B. M., & Aleven, V. Co-designing a real-time classroom orchestration tool to support teacher-AI complementarity. Journal of Learning Analytics, 2019.

⑦ UNESCO. Recommendation on the Ethics of Artificial Intelligence. United Nations Educational, Scientific and Cultural Organization, 2020.

准推送与行为预测依赖大量个体化的学习数据，这些数据通常涉及学生的身份信息、心理特征乃至社交网络，对其隐私权构成潜在威胁①。因此，人工智能系统在教育领域的设计应遵循“最小化收集”“目的明确”和“技术预设保护”等原则，采取加密存储、数据脱敏、匿名分析等措施②。“隐私即设计”（Privacy by Design）理念也正在成为系统开发的基本范式③。

第四，应高度警惕人工智能潜在的教育风险与负面效应。算法推荐机制虽然能提高效率，却可能形成“信息茧房”，限制学生接触多元知识，压缩批判性思维的空间④。此外，过度依赖人工智能教学可能忽视情感交流与社会互动，削弱学生的情商发展与社会化能力⑤。因此，人工智能教育应配备必要的风险评估与动态监测机制，防范其对教育目标和价值体系的误导或侵蚀⑥。

第五，人工智能教育的最终目标应是促进教育公平而非扩大数字鸿沟。在实践中，弱势群体由于资源获取能力不足，常在技术应用中处于不利地位。因此，应从制度设计与技术实现两个层面强化教育包容性，如通过提供适配性强的 AI 平台、开发适用于特殊群体的智能工

---

① Hillman, T., Rensfeldt, A. B., & Ivarsson, J. Brave new platforms: A possible platform future for highly efficient education. Learning, Media and Technology, 2020.

② Tsai, Y. S., Perrotha, C., & Gašević, D.Empowering learners with personalised learning approaches? Agency, equity and transparency in the context of learning analytics. Assessment & Evaluation in Higher Education, 2020.

③ West, S. M., Whithaker, M., & Crawford, K. Discriminating Systems: Gender, Race and Power in AI. AI Now Institute, 2020.

④ Reich, J., & Ito, M. From good intentions to real outcomes: Equity by design in learning technologies. Digital Media and Learning Research Hub,2017.

⑤ Luckin, R., & Holmes, W. Intelligence unleashed: An argument for AI in education. Pearson, 2016.

⑥ Bates, T., Cobo, C., Mariño, O., & Wheeler, S.. Can artificial intelligence transform higher education? International Journal of Educational Technology in Higher Education, 2020.

具等，实现技术“普惠化”[①②③]。在国际发展语境中，也需警惕技术标准的“文化单一化”倾向，推动本土化、去殖民化的教育人工智能系统建设[④]。

最后，人工智能教育的伦理框架应具备动态适应性。随着技术的不断演进，固定的伦理规范难以覆盖全部场景，构建“伦理就绪”机制显得尤为必要[⑤]。这包括设立跨学科的伦理审议委员会、开发教育伦理评估工具、加强教师和学生的伦理意识培养等路径。例如，英国数据伦理与创新中心[⑥]已建立人工智能教育伦理监测网络，为政府与教育机构提供实证支持。同时，AI 伦理教育课程的开发也日益受到重视[⑦]，有助于培养新一代具备批判意识和道德判断力的数字公民。

总而言之，人工智能教育的发展应在技术进步与伦理保障之间寻求平衡，以人本价值为指引，以公平正义为底线，在促进个性化与高效化的同时，确保教育的公共性、社会性与人文性不被削弱[⑧]。只有如此，人工智能才能真正服务于人的全面发展与教育的终极目标。

---

① Reich, J. Failure to disrupt: Why technology alone can't transform education. Harvard University Press, 2020.

② Whitelock-Wainwright, A., Gašević, D., Tejeiro, R., Tsai, Y. S., & Benneth, K . the student expectations of learning analytics questionnaire. Journal of Computer Assisted Learning, 2020.

③ UNESCO. Beijing Consensus on Artificial Intelligence and Education. United Nations Educational, Scientific and Cultural Organization,2019.

④ Knox, J., Williamson, B., & Bayne, S. . Machine behaviourism: Future visions of 'learnification' and 'datafication' across humans and digital technologies. Learning, Media and Technology, 2020.

⑤ Floridi, L., Cowls, J., Beltramei, M., Chatila, R., Chazerand, P., Dignum, V., ... & Vayena, E. AI4People—an ethical framework for a good AI society: Opportunities, risks, principles, and recommendations. Minds and Machines, 2018.

⑥ CDEI. AI Barometer Report. Centre for Data Ethics and Innovation, UK Government, 2020.

⑦ Long, D., & Magerko, B. W hat is AI literacy? Competencies and design considerations. In Proceedings of the 2020 CHI Conference on Human Factors in Computing Systems, 2020.

⑧ Peters, M. A., Jandrić, P., & Hayes, S. Biodigital technologies and the bioeconomy: the Global New Green Deal? 2020.

### 3. 数字校园网络安全防护体系

在教育数字化进程中，数字校园网络安全已成为基础性保障。伴随云计算、大数据、物联网与人工智能技术的广泛嵌入，学校教学、管理与服务高度依赖网络平台，这也使得教育领域成为网络攻击的高发区域①。构建多层次、全方位的网络安全防护体系，已成为保障数字校园稳定运行的核心任务。

从体系架构层面看，NIST（2018）提出的网络安全框架提供了科学的参考路径，该框架包括识别、保护、检测、响应与恢复 5 个功能模块，构成了纵深防御结构②。具体到教育场景中，需围绕物理环境、网络传输、终端设备、应用系统、数据资产与管理机制 6 个维度，构建相互支撑、协同运作的安全防线③④。

在技术部署方面，边界安全技术仍是首要屏障。防火墙、入侵检测系统（IDS）、入侵防御系统（IPS）构建了外部访问的过滤网，有效防范了来自互联网的非法入侵与恶意访问⑤。内部安全管理则聚焦于网络分区、访问控制与资源隔离，通过内网权限细化、策略调度与行为审计防止权限滥用与横向传播⑥。终端防护则依赖防病毒工具、行为监测系统与集中管理平台，确保教学与办公终端不成为攻击入口⑦。

---

① Verizon. 2021 Data Breach Investigations Report. Verizon Enterprise,2021.

② NIST. Framework for Improving Critical Infrastructure Cybersecurity (Version 1.1). National Institute of Standards and Technology, 2018.

③ Borgman, C. L., Scharnhorst, A., & Golshan, M. S. Digital data archives as knowledge institutions: The DANS case study. Journal of the Association for Information Science and Technology, 2018.

④ Kim, D., & Solomon, M. G. Fundamentals of Information Systems Security (3rd ed.), 2018.

⑤ Kizza, J. M. Guide to Computer Network Security (5th ed.), 2020.

⑥ Furnell, S., Fischer, P., & Finch, A. Can't get the staff?e growing need for cyber-security skills. Computer Fraud & Security, 2017.

⑦ Atawneh, S., Almomani, A., Al Bazar, H., Mehmood, R., & Murad, W. Secure and efficient cloud computing framework. Journal of Ambient Intelligence and Humanized Computing, 2020.

数据安全作为核心环节，要求制定分级分类的安全策略。敏感数据如学生信息、成绩档案、科研成果等应进行加密存储、严格授权和定期备份，同时建立完整的灾备恢复机制[①②]。而在新兴威胁环境中，应引入"零信任"架构，通过基于身份与上下文的访问验证，实现对所有访问行为的最小授权与持续验证[③]。

此外，校园网络安全的文化建设与治理机制同样不可忽视。网络安全不仅是技术议题，更是治理与文化议题。斯图尔特（Stewart，2019）指出[④]，应将网络安全纳入学校治理体系，与教学、科研、行政同频共振，建立自上而下的责任体系与考核机制。在文化层面，需通过制度引导与教育培训，使网络安全理念深入人心，营造"全员安全、全域覆盖、全过程防护"的校园氛围[⑤⑥]。

面对复杂的攻击态势与多变的安全需求，还需构建"主动防御"能力体系。主动防御不同于传统的被动响应，它要求通过漏洞扫描、威胁狩猎、渗透测试等手段前置发现问题[⑦]，同时结合红蓝对抗演练检验

---

① Haber, J., Bandy, J., & Klein, V. A risk-based approach to educational data classification. EDUCAUSE Review, 2022.

② Foote, K. D. Data management and data governance for higher education. EDUCAUSE Review, 2022.

③ Gilman, E., & Barth, D. Zero Trust Networks: Building Secure Systems in Untrusted Networks. O'Reilly Media, 2017.

④ Stewart, J. N. Cybersecurity leadership: Powering the modern organization. CISO Magazine, 2019.

⑤ Lathrop, S. D., Jansen, D. E., & Selvadurai, C. Hackwith: Implementing a comprehensive approach to cybersecurity education. Journal of Computing Sciences in Colleges, 2018.

⑥ Vishwanath, A., Neo, L. S., Goh, P., Lee, S., Khader, M., Ong, G., & Chin, J. Cyber hygiene: e concept, its measure, and its initial tests. Decision Support Systems, 2020.

⑦ Scarfone, K., & Mell, P. Guide to intrusion detection and prevention systems (IDPS). NIST Special Publication, 2010.

防御系统的韧性与响应机制[①]。在新兴设备管理方面,需建立移动设备管理（MDM）平台、制定物联网接入策略，并通过行为分析手段动态识别异常行为[②③]。

综上所述，数字校园网络安全防护体系是一项系统工程，其有效构建依赖于多元技术集成、制度设计优化与文化价值引导的有机融合。只有在制度、技术与文化“三位一体”的协同推进下，才能构筑起稳固而敏捷的网络安全屏障，为教育数字化提供坚实支撑。

---

① Choo, K. K. R. Red team versus blue team approach to cybersecurity education. IT Professional, 2020.

② Voas, J., Agresti, W. W., & Laplante, P. A. A closer look at IoT's things. IT Professional, 2018.

③ Peruma, A., & Krutz, D. Understanding the relationship between quality and security: A large-scale analysis of android applications. In Proceedings of the 2018 IEEE/ACM 1st International Workshop on Security Awareness from Design to Deployment, 2018.

# 八、教育数字化的普惠使命与社会责任

## （一）数字鸿沟与教育公平的破局之道

### 1. 城乡数字教育资源配置的均衡机制

在当前信息化加速背景下，数字教育资源已成为现代教育体系的重要组成部分。然而，城乡之间在资源配置方面的差异依然显著，导致“数字鸿沟”成为制约教育公平的关键障碍①。这一差距不仅体现在硬件设备的拥有上，更深层次地反映在获取资源的能力、使用效率以及教育成果的产出能力等方面。为破解这一结构性的不均衡，亟须建立覆盖设施、资金、内容、人力、制度等多个维度的城乡资源配置均衡机制。

基础设施均衡是数字教育公平的前提。宽带网络与智能终端作为教育资源可及性的基础，决定了资源能否高效覆盖各地②。中国通过“校校通”工程基本实现了全覆盖，但农村地区在网络质量与设备更新上的差距依然存在。因此，需持续优化边远地区的网络基础条件，同时加强对终端设备的升级与维护。

---

① Warschauer, M. Technology and social inclusion: Rethinking the digital divide. MIT Press, 2016.

② Resta, P., & Laferrière, T. Digital equity and intercultural education. Education and Information Technologies, 2015.

资金机制是资源配置均衡的保障。数字教育投入与地方经济水平高度相关，财政资源不平衡往往导致数字化建设严重滞后①。因而，建立由中央主导、地方协同、社会参与的多元化投资机制显得尤为关键，确保农村教育信息化建设具备稳定资金来源。

数字资源的在地化与适配性是实现高效使用的核心。优质资源若与地方教育实际不符，则难以发挥其应有效能②。因此，在推进资源共建共享的同时，应提升资源内容的区域适应性，特别是加强本土课程内容与学习场景的数字化转化能力，确保资源“用得上、用得好”。

教师素养的提升构成资源落地的支撑点。教师作为教育技术融合的实际操作者，其数字素养水平直接影响资源利用的成效③。应推动开展以农村教师为重点的系统性培训，通过“城乡教师结对”“远程在线研修”等方式，缩小教育技术应用能力的城乡差距。

监测机制是衡量均衡成效的重要工具。数字鸿沟具有动态性特征，其表现形式随技术演进而不断演化④。因此，有必要构建系统的动态评估体系，对资源配置状况进行周期性诊断，为优化政策提供数据依据。

区域协同作为实现优质资源有序流动的重要机制，正在逐渐成为破解城乡数字资源不均衡的有效路径。例如，区域性数字教育资源平

---

① Robinson, L., Coten, S. R., Ono, H., Quan-Haase, A., Mesch, G., Chen, W., Schulz, J., Hale, T. M., & Stern, M. J. Digital inequalities and why they matter. Information, Communication & Society, 2015.

② Capper, J. Complexities and challenges of integrating technology into the curriculum. TechKnowLogia, 2013.

③ Ertmer, P. A., & Otenbreit-Le wich, A. T. Removing obstacles to the pedagogical changes required by Jonassen's vision of authentic technology-enabled learning. Computers & Education, 2013.

④ Castells, M. Networks of outrage and hope: Social movements in the Internet age. Polity Press, 2015.

台在实践中已取得积极成果，增强了资源整合效率与共享能力[①]。

### 2. 弱势群体数字素养提升行动计划

在数字化浪潮中，弱势群体由于教育程度、经济条件和地理位置等多重因素，往往面临更为严峻的数字鸿沟问题。数字素养的缺失已成为阻碍人们融入社会的重要因素。在数字社会中，数字素养不仅是一种能力，更是一项基本生存技能，其重要性可与传统读写能力相提并论[②]。因此，制定具有针对性的数字素养提升行动计划已成为当务之急。

识别不同类型的弱势群体，是制定精准干预策略的基础。老年人、农村留守儿童、特殊教育需求学生和低收入家庭学生等，在数字素养提升过程中所面临的障碍具有显著差异[③]。因而，行动计划的首要任务是对不同群体进行深入调研，明确其具体困难与发展需求，从而制定差异化的支持路径。

针对农村留守儿童，缺乏家庭指导与陪伴成为其数字素养成长的主要短板[④]。对此，行动计划可推出“数字伙伴”项目，通过志愿者结对帮扶和寄宿制学校内的专题课程设置，提供稳定且持续的数字学习支持，弥补家庭支持的缺失。对于特殊教育需求学生来说，常规数字资源的适配性不强，成为他们获取数字能力的主要障碍。无障碍设计、语音控制系统、字幕辅助工具及差异化课程设置应成为资源开发的重

---

① Becker, H. J. Computer use by teachers: Are Cuban's predictions correct? Education and Information Technologies, 2006.

② Van Dijk, J. e digital divide. Polity Press, 2006.

③ Hargittai, E. Situated digital inequality. In E. Hargittai (Ed.), The digital divide: The internet and social inequality in international perspective, 2013.

④ Selwyn, N. Education and technology: Key issues and debates (2nd ed.). Bloomsbury Academic, 2017.

点方向①。

老年群体的数字能力缺口则与其技术恐惧和学习动机不足密切相关。通过社区教育中心、老年大学等渠道设置“银发数字课堂”，以贴近生活的培训主题增强其学习动机，是促进其参与的有效方式②。而低收入家庭学生则同时面临设备缺乏与家庭支持不足的双重挑战③。此类行动计划不仅应从物质层面提供数字设备援助，还应构建“家庭数字素养共同体”，通过亲子共学活动，协同提升学生与家长的数字能力，实现家庭支持系统的再构建。

为满足不同弱势群体多样化、个性化的学习需求，行动计划应在培训模式上实现突破。传统的集中式教学方式难以覆盖不同群体的具体情境，“线上 + 线下”混合培训、“微课程 + 实践”的路径设计，以及“同伴教学”机制的引入，能够有效提升培训的灵活性与适应性④。

在保障培训效果方面，合理的评价与激励机制不可或缺。通过设置清晰的学习阶段目标与标准，使弱势群体能够在学习过程中感受到可衡量的进步。同时，可借助技能认证、成果展示与竞赛等方式提升其学习的成就感与持续性动机⑤。

最终，为实现行动计划的长效运行，需构建可持续发展的制度保障机制。应包括长期资金保障、动态课程更新、专业师资培训及政策

---

① Burgstahler, S. Universal design in higher education: From principles to practice (2nd ed.). Harvard Education Press, 2018.

② Lissitsa, S., & Chachashvili-Bolotin, S. Does the wind of change blow in late adulthood? Adoption of ICT by senior citizens during the past decade. Poetics, 2015.

③ Livingstone, S., & Helsper, E. Balancing opportunities and risks in teenagers' use of the internet: the role of online skills and internet self-efficacy. New Media & Society, 2010.

④ Guri-Rosenblit, S. E-teaching in higher education: An essential prerequisite for e-learning. Journal of New Approaches in Educational Research, 2018.

⑤ Se on-Green, J., Nixon, H., & Erstad, O. Reviewing approaches and perspectives on "digital literacy". Pedagogies: An International Journal, 2016.

支持等系统化安排，以确保该计划能够适应技术演进带来的新挑战和新需求①。

综上所述，弱势群体数字素养提升行动计划应从群体识别、资源配置、模式创新、评价激励与制度保障等多个维度系统推进，在坚守公平理念的同时，注重策略实施的实效性与持续性，从而真正推动数字化教育的普惠发展。

### 3. 公益型数字教育资源共享平台建设

公益型数字教育资源共享平台作为打破数字鸿沟、实现教育资源普惠的重要载体，正在日益成为教育公平的重要支撑②。其建设不仅在于数量的积累，更在于资源的质量、结构合理性及服务能力的综合提升。平台建设必须坚持公益性、普惠性与专业性三者统一的定位，聚焦基础教育的普遍性需求，同时兼顾弱势群体与区域差异的个性化需求③。

平台的核心在于资源建设。优质开放教育资源的广泛覆盖已被证实可显著提升教育机会的均等性④。在机制层面，应构建以政府主导为核心、多元协作参与为支撑的资源供给体系。一方面，政府应设立专项资金支持基础性资源开发与整合；另一方面，高校、科研院所、企业及社会组织的积极参与则有助于提升资源内容的多样性与专业深度。

为了提升平台服务的个性化响应能力，应建立基于人工智能的资

① Selwyn, N., & Facer, K. The politics of education and technology: Conflicts, controversies, and connections. Palgrave Macmillan, 2013.

② Warschauer, M., & Matuchniak, T. New technology and digital worlds: Analyzing evidence of equity in access, use, and outcomes. Review of Research in Education, 2010.

③ Reich, J. Failure to Disrupt: Why Technology Alone Can't Transform Education. Harvard University Press, 2020.

④ Iiyoshi, T., & Kumar, M. S. V. Opening up education: the collective advancement of education through open technology, open content, and open knowledge. MIT Press, 2008.

源推荐系统。该系统通过对用户学习特征、区域背景与需求画像的识别，实现资源与用户之间的精准匹配[①]，有效增强了平台的适应性和用户体验。

资源质量控制体系是平台可持续发展的制度保障。开放教育资源的质量良莠不齐已成为制约平台实效性的关键障碍[②]。因而应构建“专家审核＋用户反馈”的双维度评价机制，强化资源进入平台前的科学审查与动态更新管理，确保资源内容持续保持高质量与时代性。

平台的技术架构应具备开放性、可扩展性与高适应性。云原生、微服务、响应式设计等新一代技术模式将有效提升平台的稳定性与使用便捷性[③]。同时，开放应用程序接口（Application Program Interface，API）的设计理念也将为平台与其他教育系统的数据对接与服务整合提供技术通道，增强平台的系统兼容性。

在服务体系方面，应重视用户支持机制建设。缺乏有效支持服务已被证实是影响平台推广使用的重要因素[④]。因此，平台应配备包括在线操作指导、常见问题解答、资源使用培训、专业咨询等在内的多层次服务支持，提升用户黏性与平台利用率。

平台的可持续运营需兼顾公益性与可行性之间的平衡。为保障平台长期稳定运行，应构建多元的资金支持体系与服务协同机制。一方面，维持基础资源的免费开放；另一方面，探索增值服务收费、企业技术赞助、政府购买服务等运营模式，以增强平台的运营弹性

---

① Trucano, M. Using mobile phones in data collection: Opportunities, issues and challenges. Educational Technology Debate, 2013.

② Atenas, J., & Havemann, L. Questions of quality in repositories of open educational resources: A literature review. Research in Learning Technology, 2014.

③ Czerniewicz, L., & Rother, K. Institutional educational technology policy and strategy documents: An inequality gaze. Research in Comparative and International Education, 2018.

④ Panke, S., & Seufert, T. What's educational about open educational resources? Different theoretical lenses for conceptualizing learning with OER. E-Learning and Digital Media, 2013.

与生命力[①]。

社会参与机制是扩大平台影响力与资源活力的关键路径。教育资源平台不仅是资源的提供者，更应成为协作网络的组织者[②]。通过吸纳教师、学生、家长、企业及社会组织等多方力量共同参与资源共建、平台管理与应用反馈，有助于构建平台生态的正向循环，增强其社会基础与认同度。

同时，跨界合作机制为平台的内容拓展与服务创新提供了源源不断的动力。教育与科技、文化、卫生、产业等领域的联动，能够拓宽平台的服务边界，丰富教育资源的形态与内容[③]。例如，与博物馆合作开发沉浸式文化课程，与科技企业共同设计前沿职业教育资源，不仅强化了平台的现实链接，也拓展了其知识服务的多维边界。

在中国，国家教育资源公共服务平台的建设已取得阶段性成效。根据教育部2023年公布的数据，该平台已汇聚各类优质数字教育资源超过2000万条，注册用户突破5亿，成为全国范围内优质资源共建共享的重要渠道。未来，《中国教育现代化2035》明确提出，将继续完善国家数字教育资源公共服务体系，加大对教育薄弱地区和群体的资源供给，为实现更高水平的教育公平提供有力支撑。

---

① Falconer, I., McGill, L., Litlejohn, A., & Boursinou, E. Motives and tensions in the release of open educational resources: the UKOER program. Australasian Journal of Educational Technology, 2016.

② Lane, A. Widening participation in education through open educational resources. In T. Iiyoshi & M. S. V. Kumar (Eds.), Opening up education: the collective advancement of education through open technology, open content, and open knowledge. MIT Press, 2008.

③ Haßler, B., & Mays, T. Open content. International Encyclopedia of Digital Communication and Society. Wiley-Blackwell, 2014.

## （二）数字技术赋能乡村教育振兴

### 1.“5G+ 卫星”双通道远程教学系统

随着数字化浪潮的不断深入，数字技术在教育领域的应用日益广泛，为乡村教育振兴提供了新的可能性。在城乡教育资源分配不均衡的背景下，如何利用先进的数字技术打破地理限制，将优质教育资源输送到乡村地区，成为推动教育公平与乡村振兴的关键问题。“5G+ 卫星”双通道远程教学系统作为一种创新的技术解决方案，为乡村教育振兴提供了强有力的支撑。

5G 技术以其高速率和低时延的特性，为远程教学提供了理想的通信基础。研究显示，5G 网络的理论峰值速率可达 10Gbps，时延低至 1 毫秒，远超 4G 网络，能够支持高清视频实时传输和虚拟现实教学等高带宽、低延迟的应用场景①。这将极大改善远程教育的交互体验，使身处异地的师生得以实现近乎同步的实时互动。然而，仅依靠 5G 网络在乡村地区开展远程教学仍面临基础设施覆盖不足的问题。数据显示，截至 2022 年底，中国已建设超 200 万个 5G 基站，但多数分布在城市和人口密集地区，乡村区域的覆盖率仍然偏低。

在此背景下，卫星通信技术成为 5G 网络的有效补充，其覆盖广、部署快的特性尤其适用于地形复杂、人口稀疏的偏远乡村地区②。随着低轨卫星技术的发展，其传输速率和延迟性能得到了显著提升。相关研究表明，新一代低轨卫星通信系统可提供超过 100Mbps 的下行速率，

---

① Ericsson. 5G for education: A platform for learning in a time of crisis. Ericsson Inc, 2020.

② Holmes, W., Anastopoulou, S., Schaumburg, H., & Mavrikis, M. Technology-enhanced personalised learning: Untangling the evidence, 2018.

时延降至 20 至 40 毫秒，基本满足实时互动的教学需求①。

基于此，“5G+ 卫星”双通道远程教学系统作为融合方案应运而生，成为解决乡村教育资源稀缺问题的重要路径②。该系统主要包括以下几个核心组成部分：

首先是网络通信层，由 5G 基站与卫星接收设备构成。在通信条件良好的区域优先使用 5G 网络，在信号薄弱区域则由卫星网络保障教育资源的稳定接入，在具备条件的地区还可实现两者的智能切换，以提高通信的稳定性与可靠性③。

其次是教学终端层，涵盖智能教室设备与移动学习终端。考虑到教师数字素养参差不齐，该系统应配备操作简便、支持一键连接与故障自检的终端设备，同时具备离线缓存与低功耗运行能力，以保障在供电不稳定区域的教学连续性④。

再次是教学资源层，包括直播课堂与本地化优质课程库。远程教育的成效往往更依赖于内容的质量与适应性而非技术本身⑤。因此，该系统应开发面向乡村学生的差异化资源，并建立“城乡手拉手”合作机制，通过城市优质学校为乡村学校提供定制课程，同时融入乡土文化，增强学生认同与学习兴趣。

最后是教学支持层，包括教学管理平台与学习分析系统。远程教育

---

① Pachler, N., Bachmair, B., & Cook, J. Mobile learning: Structures, agency, practices. Springer Nature, 2022.

② Ferreira, P., Duarte, A. M., & Sampaio, D. Digital learning ecosystems: Improving rural areas connectivity for online education. In Proceedings of the 11th International Conference on Computer Supported Education, 2019.

③ Kim, J., & Lee, W. Bandwidth-efficient and stable video transmission over 5G networks with parallel multipath. IEEE Access, 2020.

④ Liu, C., Huang, W., & Chang, I. Acceptance of mobile learning in classroom instruction among college english teachers in rural China. Interactive Learning Environments, 2021.

⑤ Miao, F., Huang, R., Liu, D., & Zhuang, R. Ensuring effective distance learning during COVID-19 disruption: Guidance for teachers, 2020.

的成功不仅依赖于技术支持，还需系统化的组织管理与服务保障[①]。系统应支持教学计划制定、过程监测与学习评估闭环管理，特别是结合人工智能与大数据的学习分析功能，以精准识别学生的学习瓶颈，提供个性化的教学干预。

在应用模式方面，该系统支持多种教学形式，包括实时互动、异步学习与混合教学[②]。如数学、英语可采用实时模式，由城市教师直播授课，乡村学生远程互动；历史、地理等可采用异步资源；实验类课程则结合虚拟实验与本地设备，实现沉浸式教学体验。

此外，与传统资源下沉方式相比，该系统在成本控制方面优势显著。其部署与维护成本远低于大规模调派教师或新建校舍，随着 5G 和卫星技术成本的下降，其可持续性和推广价值日益增强[③]。

尽管如此，该系统的实施仍面临挑战。必须确保技术与当地教育生态的深度契合，否则将陷入“技术驱动而非需求导向”的误区[④]。推广过程中应加强对学校需求的调查分析，并建立完善的技术支持体系以保障系统长期有效运行。

目前，中国已在多地试点建设“5G+ 卫星”教学系统。据《中国教育报》2022 年报道，贵州省已在 100 所乡村学校部署相关系统，覆盖学生超 5 万人，初步实现优质教育资源的下沉。同时，教育部在政策文件中也明确提出，鼓励探索 5G 与卫星通信在教育领域的融合创新，建设覆盖全面、协同多元的教育信息网络。

---

① Zawacki-Richter, O., & Latchem, C. Exploring four decades of research in Computers & Education. Computers & Education, 2018.

② Martin, F., Budhrani, K., & Wang, C. Examining faculty perception of their readiness to teach online. Online Learning, 2019.

③ Trucano, M., & Liu, J. the costs of educational technology interventions in low and middle-income country contexts, 2016.

④ Baran, E., Correia, A. P., & ompson, A. Transforming online teaching practice: Critical analysis of the literature on the roles and competencies of online teachers. Distance Education, 2022.

## 2. 县域教师智能研修共同体的构建

乡村教育振兴的关键在教师。相较于城市教师，乡村教师普遍面临着专业发展机会不足、教研活动质量不高、个体专业成长缓慢等问题。如何突破地理空间限制，让乡村教师享有与城市教师同等的专业发展机会，成为乡村教育振兴的核心挑战。县域教师智能研修共同体的构建，正是利用数字技术解决这一问题的创新路径。

教师专业发展最有效的形式是基于学习共同体的协作学习，而非传统的单向培训[①]。智能研修共同体基于这一理念，通过数字技术打破时空限制，将分散在不同学校的教师连接起来，构建线上线下融合的学习生态系统。有效的教师专业发展应具备内容聚焦、积极参与、协作探究、模型示范、专家支持和持续反思等特征，数字化手段为这些特征的实现提供了可能[②]。

共同体建设首先应建立统一的数字平台作为活动载体[③]。该平台应整合专业发展资源，如课程内容、教学案例库、设计工具与反思空间等，构建“一站式”服务体系。利用人工智能技术，该平台可基于教师的背景信息与发展需求，精准推荐研修资源，实现从“一刀切”向个性化、精准化研修的转型。

其次，研修形式应灵活多样，以满足不同教师的个性化发展需求[④]。

---

① Kennedy, A. Professional learning and the professional-as-learner. In J. Sachs & M. Groundwater-Smith (Eds.), the changing face of teacher professionalism, 2016.

② Darling-Hammond, L., Hyler, M. E., & Gardner, M. Effective teacher professional development, 2017.

③ Andrews, D., & Lewis, M. Transforming practice from within: The power of the professional learning community. In L. Stoll & K . S. Louis (Eds.), Professional learning communities: Divergence, depth and dilemmas, 2017.

④ Li J. W. Professional community and professional development in the learning- centered school. In M. Kooy & K . van Veen (Eds.), Teacher learning that matters: International perspectives, 2012.

可提供包括微课学习、名师示范、同伴观课、案例研讨、行动研究等形式，确保教师可根据自身条件灵活选择。最有效的专业发展应嵌入教师的日常教学实践中，而非脱离实际的“空中楼阁”①。因此，内容设计应体现碎片化、微型化特征，契合乡村教师工作节奏，降低参与门槛。

智能研修共同体的核心价值在于推动教师之间的深度协作与专业对话。协作应建立在专业判断、集体责任与信任基础上，聚焦教学难题与实践改进②。通过数字平台，可开展集体备课、异地研讨、跨校教研等活动，利用异步协作工具，如课堂视频标注系统，实现不同时空条件下深度的专业互动③。

数据驱动是该共同体的重要特征之一。教师数据素养已成为专业素养的核心部分④。通过数据分析，平台可描绘教师的专业发展画像，评估教学改进效果并提供定向支持。同时，学生学习数据也可用于建立教学—发展之间的因果联系，实现基于证据的专业成长评价。

组织结构方面，应采取多层级、网络化的模式，兼顾个体、学校与区域三个层面的协同发展⑤。县级层面可建立由名师、专家、教研员组成的核心团队，负责战略规划与资源供给；学区或片区层面则组建学科共同体，常态化开展专业交流；学校层面可设立学习小组，解决教学中的实际问题。关键在于实现“专业资本”的有效流动与积累⑥，

---

① Campbell, C., Osmond-Johnson, P., Faubert, B., Zeichner, K., & Hobbs-Johnson, A. e state of educators' professional learning in Canada, 2019.

② Hargreaves, A., & O'Connor, M. T. Collaborative professionalism: When teaching together means learning for all, 2018.

③ Prestridge, S. Categorising teachers' use of social media for their professional learning: A self-generating professional learning paradigm. Computers & Education, 2019.

④ Mandinach, E. B., & Gummer, E. S. What does it mean for teachers to be data literate: Laying out the skills, knowledge, and dispositions. Teaching and Teacher Education, 2016.

⑤ Fullan, M. new meaning of educational change (5th ed.). Teachers College Press, 2016.

⑥ Hargreaves, A., & Fullan, M. Professional capital: Transforming teaching in every school. Teachers College Press, 2012.

而数字化系统正为此提供了高效的媒介。

数字素养培训是共同体可持续发展的基础工程。教师的数字素养直接影响其参与在线研修的质量与深度①。乡村教师更可能面临技术门槛，因此应系统化开展分层培训、同伴指导与在线技术支持。数字素养的提升不仅要关注技术本身，更要强化技术与教学深度融合的能力②。

此外，评价与激励机制在共同体长期运行中至关重要。有效的专业发展需配套激励支持③。平台应构建数据驱动的多元评价体系，将研修表现纳入职评考核，激发教师积极性。同时，通过“研修积分”“优秀案例展示”等激励方式，激发教师内在的学习动力与专业自觉④。

在实践层面，已有地方取得了积极成效。例如，浙江省金华市通过“互联网 + 教研”模式建立了覆盖全市的教师发展共同体，覆盖 265 所学校，超过 8000 名教师参与，显著提升了教师队伍整体素质⑤。教育部《关于加强新时代教师队伍建设改革的指导意见》中也明确提出，要构建基于互联网、以校为本的教师研修机制，推动信息技术与教师专业发展深度融合。

---

① Tondeur, J., Scherer, R., Baran, E., Siddiq, F., Valtonen, T., & Sointu, E. Teacher educators as gatekeepers: Preparing the next generation of teachers for technology integration in education. British Journal of Educational Technology, 2019.

② Ertmer, P. A., & Otenbreit-Le wich, A. T. Removing obstacles to the pedagogical changes required by Jonassen's vision of authentic technology-enabled learning. Computers & Education, 2013.

③ Desimone, L. M., & Pak, K. Instructional coaching as high-quality professional development. theory Into Practice, 2017.

④ Cochran-Smith, M., & Lytle, S. L. Inquiry as stance: Practitioner research for the next generation. Teachers College Press, 2015.

⑤ 人民教育.共同体建设助力乡村教师专业成长——浙江省金华市“互联网+教研”模式探析，2021.

### 3. 乡村振兴数字课程资源专项开发

乡村振兴不仅需要城市优质教育资源的下沉，更需要针对乡村特点和需求开发本土化的数字课程资源。传统的“城市课程下乡”模式往往忽视了乡村学生的认知特点、文化背景和未来发展的需求，难以真正激发其学习动力和发展潜能。因此，开发适合乡村学生特点、融入乡土元素、服务乡村振兴的数字课程资源，成为数字技术赋能乡村教育振兴的重要内容。

有效教育应尊重学生的文化背景和生活经验，将这些元素作为教学的起点和资源①。城市主导的课程内容与乡村学生的日常生活和文化体验存在脱节，难以激发其学习兴趣和意义感②。因此，乡村振兴数字课程资源的开发应充分考虑乡村学生的文化背景，将乡土元素有机融入课程内容。

课程开发应遵循本土性、融合性和发展性的原则。本土性强调课程内容应根植于学生的生活世界，使学习成为有意义的经验③。例如，在数学教学中使用农作物生长和农产品销售等乡村生活实例；在科学教学中融入生态保护等本地现象作为探究对象。融合性则倡导将传统与现代、本土与全球、知识与技能融合，帮助学生在课程中理解自我与世界的关系④。如通过VR/AR技术建设“乡村非物质文化遗产数字博物馆”，展示传统工艺与现代设计的结合。发展性强调课程资源应着眼于乡村学生的未来发展，围绕现代职业技能与乡村振兴所需能力开展教

① Ladson-Billings, G. Culturally relevant pedagogy 2.0: a.k.a. the remix. Harvard Educational Review, 2014.

② Gay, G. Culturally responsive teaching:theory, research, and practice (3rd ed.). Teachers College Press, 2018.

③ Banks, J. A. Cultural diversity and education: Foundations, curriculum, and teaching (6th ed.). Routledge, 2015.

④ Pinar, W. F. What is curriculum theory? (2nd ed.). Routledge, 2012.

学①,如开发“智慧农业技术”与“乡村电商创业”等实训类数字课程。

在内容上，应涵盖基础素养、乡土文化、科技应用和乡村振兴技能四个方向。基础认知能力对个体发展和社会进步具有深远影响②,故应优先开发语言、数学、科学等基础素养课程，并结合人工智能构建自适应学习系统。乡土文化方面，课程内容应体现学生的文化身份，增强文化自信与认同感③。可通过数字化方式构建“数字乡村文化图谱”,再现地方历史文化。科技创新方面，将 STEM 教育与本地问题结合，可有效提升学生的创新能力④。例如,“乡村智能农业实验室”项目结合物联网和数据技术开展探究教学。乡村振兴技能方面,应聚焦于新兴产业所需能力，如通过虚拟仿真设计“电商创业”“乡村导游”数字课程，增强学生的实践技能与就业竞争力⑤。

在呈现形式上，课程应充分利用现代教育技术，采用多媒体方式适配不同的学习风格⑥。如通过微课、交互动画、虚拟实验室解决乡村学校设备短缺问题，实现“动手”学习体验。

在开发模式上，强调本地化与协同共建。教育资源的开发应是研究者、实践者和开发者的协作过程⑦。应组建“专家 + 教师 + 学生 + 社

---

① Griffin, P., & Care, E. Assessment and teaching of 21st century skills: Methods and approach. Springer, 2015.

② Hanushek, E. A., & Woessmann, L. Knowledge capital, growth, and the East Asian miracle. Science, 2016.

③ Gee, J. P. Teaching, learning, literacy in our high risk high-tech world: A framework for becoming human. Teachers College Press, 2017.

④ Bull, G., Garofalo, J., & Harris, J. Grand challenges: Integrating technology with rural STEM education. Journal of Digital Learning in Teacher Education, 2019.

⑤ Autor, D. H. Why are there still so many jobs? history and future of workplace automation. Journal of Economic Perspectives, 2015.

⑥ Clark, R. C., & Mayer, R. E. E-learning and the science of instruction: Proven guidelines for consumers and designers of multimedia learning (4th ed.). Wiley, 2016.

⑦ Pea, R., Barron, B., & Goldman, S. Designing for deeper learning in a blended computer science course for middle school students. Computer Science Education, 2018.

区”的协作机制，组建乡村课程开发共同体，实现资源的持续优化。共享机制上，应采用开放教育资源（OER）理念，推动资源的广泛传播和本地适配[①]。同时，建立资源质量评价机制与持续更新制度，确保资源科学性与时效性。

乡村振兴数字课程资源开发已取得初步成果。如四川省凉山州开发融合彝族文化的200余门数字课程，覆盖超15万名学生，显著提升了民族地区学生的学习兴趣与文化认同[②]。教育部《关于全面加强乡村小规模学校和乡镇寄宿制学校建设的指导意见》也明确提出，要“开发适合乡村学校特点的优质数字教育资源，促进教育教学模式的创新”。

## （三）特殊教育的数字化转型

### 1. 无障碍数字学习环境建设标准

特殊教育正经历着由数字技术驱动的深刻变革。随着数字化学习环境在教育领域的普及，如何确保这些环境对特殊需求学生同样友好和可用，成为特殊教育数字化转型的首要挑战。无障碍数字学习环境是指能够被所有学习者，包括残障学生在内，平等获取和使用的数字化教育平台、工具和资源。建立科学、全面的无障碍数字学习环境建设标准，对于保障特殊需求学生的教育权益、促进教育公平具有重要意义。

无障碍数字学习环境的法律基础与政策框架构成了建设标准的关键前提。无障碍环境的设计应贯彻“为所有人而设计”（Design for All）的理念，即在设计之初即纳入所有潜在用户的需求，而非事后添加辅助

① Baker, J. Open educational resources in teacher education: A model to support innovation in teaching practices. Educational Technology Research and Development, 2017.

② 中国教育报．四川凉山：数字教育资源助力民族教育振兴，2021．

功能[①]。美国《残障人士教育法》(IDEA)、《美国残障人士法案》(ADA)以及欧盟《欧洲无障碍法案》对教育场景下的数字可达性提出了明确要求。在中国，《中华人民共和国残疾人保障法》与《残疾人教育条例》为此提供了法律保障，《"十四五"特殊教育发展提升行动计划》进一步明确提出要推进特殊教育信息化建设，完善适应性数字化资源与在线平台。

从技术层面看，建设标准应覆盖感知性、操作性、理解性与兼容性四个核心维度。在感知性方面，须为非文本信息提供文本替代说明、为视频提供字幕与音频描述，提升色彩对比度，并支持文本大小与间距调整，以便屏幕阅读器或视觉辅助工具获取内容[②]。在操作性方面，应支持键盘操作、替代输入设备（如开关、眼动追踪）及清晰的导航机制，方便肢体障碍用户使用[③]。在理解性方面，需保证信息简洁清晰、界面一致，并提供多元理解路径及即时反馈，以降低认知障碍学生的学习负担[④]。在兼容性方面，数字学习环境应支持主流辅助技术、采用可访问文档格式，并遵循 WCAG 标准[⑤]。

全球广泛采纳的《Web 内容无障碍指南》(WCAG 2.1) 由 W3C 发布，提出了"可感知、可操作、可理解、健壮性"四大原则，并划分

---

① Rose, D. H., Meyer, A., & Hitchcock, C. Universally designed classroom: Accessible curriculum and digital technologies (2nd ed.). Harvard Education Press, 2018.

② Cooper, M., Ferguson, R., & Wolff, A. What can analytics contribute to accessibility in e-learning systems and to disabled students' learning? In Proceedings of the Sixth International Conference on Learning Analytics & Knowledge, 2016.

③ Bocconi, S., Doran, P., & Samaras, G. Accessibility of digital learning resources: A comparative analysis of standards, requirements, and implementation. IEEE Transactions on Learning Technologies, 2018.

④ Gronseth, S. Inclusive design for online and blended courses: Connecting web content accessibility guidelines and universal design for learning. Educational Renaissance, 2018.

⑤ Kumar, K. L., & Owston, R. Evaluating e-learning accessibility by automated and student-centered methods. Educational Technology Research and Development, 2016.

为 A、AA、AAA 三个等级，其中 AA 为普遍推荐的教育环境标准。实践表明，符合 WCAG 标准的环境可显著提升特殊需求学生的参与度与满意度[①]。

在此基础上，针对不同类型特殊需求的具体标准尤为关键。视障学生需通过屏幕阅读器与盲文设备访问信息[②]；听障学生则需实时字幕、手语视频及文本交互等替代音频内容[③]；肢体障碍学生依赖于语音识别、眼动追踪等非传统交互方式[④]；认知障碍学生则受益于信息分块、界面简化和进度反馈[⑤]。

评估机制方面，建设应包括自动化检测、专家评估与用户测试三重路径，以实现对无障碍性问题的全面识别[⑥]。实践表明，将特殊需求学生纳入用户测试环节可显著提高评估的真实性与有效性[⑦]。

在全球范围内，美国“A11y 标准”、欧盟“EN 301 549”及中国《信息无障碍》国家标准均已构建了较为系统的技术体系，为实际操作提供了指导。

---

① Wentling, T. L., Park, J., & Peiper, C. Learning among people with disabilities: A systematic review of accessible web-based educational resources. Journal of Educational Technology Systems, 2016.

② Koon, R., & Murray, M. Universal design for learning and web accessibility: Implementation in higher education. In Proceedings of the 16th International Web for All Conference, 2019.

③ Naik, N., Bredius, S., & Van Stockum Jr, C. Enhancing teaching and learning accessibility in higher education through mobile technolog y: A guide to implementation. International Journal of Mobile and Blended Learning, 2018.

④ Dell, A. G., Newton, D. A., & Petroff, J. G. Assistive technology in the classroom: Enhancing the school experiences of students with disabilities (3rd ed.). Pearson, 2017.

⑤ Greer, D., Rowland, A. L., & Smith, S. J. Critical considerations for teaching students with disabilities in online environments. Teaching Exceptional Children, 2017.

⑥ Capp, M. J. A systematic review of assessments measuring digital accessibility for individuals with intellectual disability. Disability and Rehabilitation: Assistive Technology, 2020.

⑦ Kent, M., Ellis, K., & Giles, M. Students with disabilities and eLearning in Australia: Experiences of accessibility and disclosure at Curtin University. TechTrends, 2018.

无障碍建设不是一项一劳永逸的任务，而应是一个持续演进的过程①。它不仅涉及技术实现，更需涵盖组织政策、教师培训与资源开发等多个方面。正如西尔（Seale，2014）所述："无障碍不是一个终点，而是一场持续的旅程，需要所有利益相关方的持续参与和承诺。"②

## 2. 人工智能辅助特殊教育创新实践

人工智能技术的快速发展为特殊教育带来了革命性的变革可能。通过个性化的学习路径、实时反馈、辅助交流、行为分析等功能，人工智能正为特殊需求学生创造更加包容、高效的学习体验。尤其在资源有限的特殊教育领域，人工智能技术在一定程度上弥补了专业教师不足的问题，提高了教育的可及性和质量。

语音交互与自然语言处理技术在特殊教育中的应用尤为广泛。对于言语障碍学生，人工智能辅助的语音识别系统可提供强大支持。针对特殊需求人群优化的语音识别系统显著提高了识别准确率，能有效辅助其日常交流与课堂参与③。例如，谷歌推出的 Project Euphonia 专门为言语不清用户优化语音识别算法，通过收集非典型语音样本进行训练，识别准确率大幅提升。对于听障学生，实时语音转文字技术使其更好地参与课堂讨论，数据显示，使用 AI 辅助的实时转写系统后，学生课堂理解率提高约 30%，学习参与度亦显著增强④。

---

① Burgstahler, S. Universal design of instruction: From principles to practice. In S. Burgstahler (Ed.), Universal design in higher education: From principles to practice. Harvard Education Press, 2018.

② Seale, J. E-learning and disability in higher education: Accessibility research and practice (2nd ed.). Routledge, 2014.

③ Rudovic, O., Lee, J., Dai, M., Schuller, B., & Picard, R. W. Personalized machine learning for robot perception of affect and engagement in autism therapy. Science Robotics, 2018.

④ Stinson, M. S., Elliot, L. B., & Easton, D. Technology-enabled remote sign language interpreting in postsecondary education. Journal of Postsecondary Education and Disability, 2020.

人工智能技术在孤独症谱系障碍（ASD）学生的社交技能训练与情绪识别方面同样发挥了关键作用。“情绪教练”系统基于计算机视觉技术可实时分析面部表情，帮助 ASD 学生识别并理解他人情绪。使用该系统 6 周后，参与者的情绪识别准确率平均提高了 35%①。此外，AI 驱动的虚拟社交教练系统通过模拟各类社交场景，为 ASD 学生提供安全的练习环境，并根据其反应自动调整难度与反馈内容，从而显著提升其社交主动性与适当性②。

针对视障学生，计算机视觉技术提供了“视觉替代”解决方案。智能辅助系统可实时识别环境中的物体、人物及文字，辅助视障学生理解周边环境，并能将教材中的图像与图表转换为文本描述，帮助学生获取完整的学习内容③。此外，智能触觉反馈系统将抽象数学图形转化为触觉体验，显著提升了视障学生对空间概念的理解能力④。

智能评估系统也是人工智能在特殊教育中的重要应用之一。传统评估方法难以全面反映特殊需求学生的真实能力和学习进展。智能适应性评估系统能根据学生的反应动态调整题目难度与形式，并通过行为模式分析发现其认知优势与困难，误差较传统测试减少约 40%⑤。同

---

① Daniels, J., Schwartz, J. N., Voss, C., Haber, N., Fazel, A., Kline, A., Washington, P., Feinstein, C., Winograd, T., & Wall, D. P. Exploratory study examining the at-home feasibility of a wearable tool for social-affective learning in children with autism. NPJ Digital Medicine, 2018.

② Escobedo, L., Nguyen, D. H., Boyd, L., Hirano, S., Rangel, A., Garcia-Rosas, D., Tentori, M., & Hayes, G. MOSOCO: A mobile assistive tool to support children with autism practicing social skills in real-life situations. Journal of Autism and Developmental Disorders, 2017.

③ Banf, M., & Blanz, V. A modular computer vision sonification model for the visually impaired. In Proceedings of the International Conference on Auditory Display, 2019.

④ Grossman, T., Fitzmaurice, G., & Atar, R. A survey of so ware learnability: Metrics, methodologies and guidelines. In Proceedings of the 2018 CHI Conference on Human Factors in Computing Systems, 2018.

⑤ Holstein, K., McLaren, B. M., & Aleven, V. Co-designing a real-time classroom orchestration tool to support teacher-AI complementarity. Journal of Learning Analytics, 2019.

时，基于机器学习技术的学习困难预警系统可通过分析答题时间、错误模式等行为数据，提前识别潜在的学习障碍，准确率高达 83%[①]。

人工智能驱动的智能辅助设备正成为支持肢体障碍学生的重要工具。眼动追踪与脑机接口等技术为其提供了替代性控制手段。研究表明，重度脑瘫学生通过眼球控制计算机，参与学习活动的能力与自主性均有明显提升，85% 的参与者表示其学习体验显著改善[②]。非侵入式脑机接口技术也正被探索用于特殊教育辅助系统开发，为最重度肢体障碍学生提供了全新的交流和学习可能性[③]。

在智力障碍学生教育中，人工智能同样展现出独特价值。智能学习系统可将复杂任务分解为简单步骤，并动态调整指导详细程度，从而显著提升学生在日常生活技能上的学习成效，尤其是在任务迁移能力方面[④]。游戏化 AI 系统通过趣味任务培养学生基础认知能力，并根据学生表现调整游戏难度与鼓励方式。数据显示，使用该系统 8 周后，参与者的注意力持续时间平均增长 43%，问题解决能力亦显著提升[⑤]。

尽管人工智能在特殊教育中展现出广阔前景，其应用仍面临诸多挑战。首先，是数据伦理问题，特殊需求学生的数据极具敏感性，AI

① Zhou, J., Han, F., Li, K., & Wang, H. AI augmented multi-modal multi-task learning for small sample learning. ACM Transactions on Knowledge Discovery from Data, 2020.

② Fager, S., Fried-Oken, M., Jakobs, T., & Beukelman, D. R. New and emerging access technologies for adults with complex communication needs and severe motor impairments: State of the science. Augmentative and Alternative Communication, 2019.

③ Moghimi, S., Kushki, A., Guerguerian, A. M., & Chau, T. A review of EEG-based brain-computer interfaces as access pathways for individuals with severe disabilities. Assistive Technology, 2010.

④ Istenic, A., Millevoi, S., & Chiazzese, G. A constructivist and student-centred approach to support educational inclusion of students with intellectual disabilities. Educational Technology Research and Development, 2019.

⑤ Hooshyar, D., Pedaste, M., Saks, K., Leijen, Ä., Bardone, E., & Wang, M. Open learner models in supporting self-regulated learning in higher education: A systematic literature review. Computers & Education, 2019.

系统的开发与应用必须高度重视数据隐私保护与知情同意[①]。其次，若训练数据缺乏代表性，AI 系统可能无法准确服务于非典型发展模式学生，甚至强化现有教育不平等现象[②]。此外，技术可及性亦是关键问题。应确保所有学生无论社会经济背景如何，均可公平地享受人工智能带来的教育红利，避免加剧"数字鸿沟"[③]。

在中国，人工智能辅助特殊教育也已取得积极进展。据《中国教育报》(2022)报道，北京师范大学与多家科技企业联合开发的"智慧助学"平台已在全国 100 多所特殊教育学校试点应用，该平台基于语音识别与计算机视觉技术，向不同类型的特殊需求学生提供个性化学习支持[④]。中国残联与教育部联合发布的《关于加快特殊教育信息化建设的指导意见》[⑤]，明确提出"鼓励人工智能技术在特殊教育中的创新应用，促进特殊教育教学模式和学习方式变革"。

未来人工智能在特殊教育中的发展将朝三个方向演进：其一，个性化支持将更加精准。随着深度学习技术的发展，未来 AI 系统将能更准确地识别个体特征与需求，从而实现"量身定制"的学习支持[⑥]。其二，多模态交互将得到融合应用，语音、视觉、触觉等交互方式的整

① Monroe, W. E. AI and data privacy issues in special education: A comprehensive review. Journal of Special Education Technology, 2021.

② Whitaker, M., Alper, M., Bennet, C. L., Hendren, S., Kaziunas, L., Mills, M., Morris, M. R., Rankin, J., Rogers, E., Salas, M., & Myers West, S. Disability, bias, and AI. AI Now Institute, 2019.

③ Holmes, W., Porayska-Pomsta, K., Holstein, K., Sutherland, E., Baker, T., Shum, S. B., Santos, O. C., Whitelock, D., & Koedinger, K. R. Ethics of AI in education: Towards a community-wide framework. International Journal of Artificial Intelligence in Education, 2022.

④ 中国教育报 . 人工智能助力特殊教育迈向新台阶 , 2022 .

⑤ 中国残疾人联合会和教育部 . 关于加快特殊教育信息化建设的指导意见 , 2020 .

⑥ Drigas, A. S., & Ioannidou, R. E. Special education and ICTs. International Journal of Emerging Technologies in Learning, 2013.

合将提供更自然、无缝的学习体验①。其三，人机协作模式将持续优化，AI 将成为教师与家长的“智能助手”，共同为特殊需求学生构建更有效的支持体系②。

### 3. 适应性学习技术对特殊需求的响应

适应性学习技术是指能够根据学习者的特点、需求和学习进展动态调整学习内容、路径和方法的教育技术。对于特殊需求学生而言，该技术能够针对其独特特点和学习方式提供个性化支持，有效弥合传统“一刀切”教育方式的不足。如有学者指出，适应性学习系统的核心价值在于能够将每个学生视为独特个体，而非固定类别的一员，这一特性使其成为特殊教育理想的技术支持③。

适应性学习技术在特殊教育中的应用以通用设计学习（Universal Design for Learning, UDL）原则为基础。UDL 框架由罗斯（Rose）和迈耶（Meyer）提出，强调通过多种呈现方式、表达方式和参与方式，为所有学生提供平等的学习机会④。基于 UDL 原则设计的适应性系统可有效提高特殊需求学生的学业成就与学习动机，他们的平均学习成绩

---

① Oviatt, S., & Cohen, P. e paradigm shi to multimodality in contemporary computer interfaces. Morgan & Claypool Publishers, 2015.

② Holstein, K., Wiens, J., Rummel, N., Aleven, V., & Doroudi, S. Advancing AI for adaptive education: A perspective on current capabilities, future needs, and promising directions. International Journal of Artificial Intelligence in Education, 2021.

③ Woolf, B. P. Building intelligent interactive tutors: Student-centered strategies for revolutionizing e-learning (2nd ed.). Morgan Kaufmann, 2015.

④ Rose, D. H., & Meyer, A. Teaching every student in the digital age: Universal design for learning. Association for Supervision and Curriculum Development, 2020.

提升约 25%[①]。

对于学习障碍学生，适应性技术能根据其认知特点提供针对性支持。适应性阅读辅助系统可根据阅读水平和困难点调整文本呈现方式，如字体、行距和分块，同时结合朗读和关键词突出等多感官辅助，显著提升阅读流畅性与理解力[②]。在写作方面，智能写作辅助系统可识别书写困难模式，提供个性化写作支架及调整语法提示的复杂度，从而提升表达的准确性[③]。

对于注意力缺陷多动障碍（ADHD）学生，适应性学习系统通过监测注意力状态，在分心时自动调整任务难度、引入休息或给予即时反馈，并结合游戏化机制增强吸引力与持续专注力，学习任务完成率与参与时间分别提升了 41% 与 37%[④]。若系统能同步识别并响应学生情绪状态，负面情绪干扰可减少约 45%[⑤]。

在智力障碍教育中，适应性技术通过内容简化与进阶学习策略强化认知支持。例如，某适应性数学系统采用“微步进”策略，将学习目标细化至最小单位，并辅以实例与视觉辅助，显著提升了中度智力障碍

---

① Hitchcock, C., Meyer, A., Rose, D., & Jackson, R. Equal access, participation, and progress in the general education curriculum. In D. H. Rose, A. Meyer, & C. Hitchcock (Eds.), e universally designed classroom: Accessible curriculum and digital technologies. Harvard Education Press, 2016.

② Hall, T. E., Cohen, N., Vue, G., & Ganley, P. Addressing learning disabilities with UDL and technology: Strategic reader. Learning Disability Quarterly, 2015.

③ Zhang, D., Landmark, L., Reber, A., Hsu, H., Kwok, O., & Benz, M. University faculty knowledge, beliefs, and practices in providing reasonable accommodations to students with disabilities. Remedial and Special Education, 2019.

④ Sonne, T., Marshall, P., Müller, J., Obel, C., & Grønbæk, K . A follow-up study on a successful assistive technology for children with ADHD and their families. In Proceedings of the 2018 CHI Conference on Human Factors in Computing Systems, 2018.

⑤ Rodrigo, M. M. T., Baker, R. S., Agapito, J., Nabos, J., Repalam, M. C., Reyes, S. S., & Pedro, M. O. C. S. e effects of an interactive so ware agent on student affective dynamics while using an intelligent tutoring system. IEEE Transactions on Affective Computing, 2016.

学生的数学应用能力[①]。当学习内容结合学生兴趣和偏好进行调整，学习动机与保持率也显著提升，保持率提升达 58%[②]。

对于孤独症谱系障碍（ASD）学生，适应性系统通过调整社交场景复杂度与社交线索明显度，提升学生在社交启动、回应、情绪识别等方面的能力[③]。在识别情绪反应并降低环境复杂度的干预下，ASD 学生能更好地完成社交训练任务。适应性系统还被证明对联合注意力与轮流互动能力具有积极促进作用，显著提升技能在现实场景中的迁移应用[④]。

多感官适应性系统为多重障碍学生提供全面支持。系统会依据感知能力调整信息呈现的方式，融合视觉、听觉、触觉反馈，同时支持如眼动追踪、手势识别等多种替代性输入方式，从而提高学生的沟通意愿与参与度，79% 的学生表现出前所未有的主动学习行为[⑤]。

在数学与科学等难度较高学科中，适应性技术的支持更为关键。适应性数学系统不仅能识别学生的概念障碍，还能通过分析解题过程提

---

① Standen, P. J., Brown, D. J., Hedgecock, J., Roscoe, J., Galvez Trigo, M. J., & Elgajiji, E. A systematic evaluation of current control devices used by people with intellectual disabilities in non-immersive virtual environments. Cyberpsychology: Journal of Psychosocial Research on Cyberspace, 2017.

② Saleh, A., & Baran, E. Adaptive gamification for learning systems: A systematic review. Educational Technology Research and Development, 2020.

③ Parsons, S., Karakosta, E., Boniface, M., & Crowle, S. Designing for the real world: Developing professional tools for children with visual disabilities. In J. Mintz & C. Wyse (Eds.), Education and new technologies: Perils and promises for learners. Routledge, 2017.

④ Fletcher-Watson, S., Pain, H., Hammond, S., Humphry, A., & McConachie, H. Designing for the long-term: Technology for supporting children with autism spectrum disorders. Digital Health, 2019.

⑤ Leij, A. V. D., Slaats-Willemse, D., Swaab-Barneveld, H., & Van Der Leij, D. A. V. A cognitive approach to dyslexia: Diagnosis and treatment. Perspectives on Language and Literacy, 2019.

供个性化反馈,解决代数问题的能力提升是传统教学方法的2.3倍①。虚拟科学实验室则通过调整实验复杂度与指导详度，为学生提供安全可控的实验环境，有效增强学生对科学概念的理解和探究能力②。

适应性系统的精准响应需依赖先进的学习分析与诊断技术。多维学习分析模型整合交互数据、生理数据和表现数据，对特殊需求学生的学习行为进行全面建模，以更有效识别其非典型发展路径与独特策略③。基于贝叶斯知识追踪的诊断系统可实时追踪学生知识状态的变化，为学习路径的调整提供精确支持④。

为确保技术真正满足学生需求，越来越多的研究强调采用参与式设计方法，强调将学生、家长与教师纳入系统设计全过程⑤。这种“共同设计”的方法能显著提升系统的适用性与接受度，91%的特殊教育教师表示更愿意采用他们共同参与开发的系统⑥。

实践显示，适应性技术需与教学深度融合，方可实现最佳成效。适应性技术不是简单的“即插即用”工具，而应作为特殊教育生态系统

---

① Xin, J. P., Tzur, R., Hord, C., Liu, J., Park, J. Y., & Si, L. An intelligent tutor-assisted mathematics intervention program for students with learning difficulties. Learning Disability Quarterly, 2020.

② Chen, J., & Howard, S. K. e impact of virtual labs on science learning in special education: A systematic review. Journal of Special Education Technology, 2020.

③ Mangaroska, K., & Giannakos, M. Learning analytics for learning design: A systematic literature review of analytics-driven design to enhance learning. IEEE Transactions on Learning Technologies, 2019.

④ Dalsen, J., Huang, Y. M., & Baker, R. S. A Bayesian network approach to modeling learning progressions and intervention outcomes for students with learning disabilities. Interactive Learning Environments, 2020.

⑤ Ramdoss, S., Machalicek, W., Rispoli, M., Mulloy, A., Lang, R., & O'Reilly, M. Computer-based interventions to improve social and emotional skills in individuals with autism spectrum disorders: A systematic review. Developmental Neurorehabilitation, 2016.

⑥ Alper, M., Hourcade, J. P., & Gilutz, S. Designing with children with special needs in co-creation platforms. International Journal of Child-Computer Interaction, 2020.

的重要组成部分，与课程设计、教学法和教师专业知识协同推进[①]。当教师参与系统调整过程时，学生学习效果的提升幅度更高，优于完全自动化系统35%[②]。

在中国，适应性学习技术亦取得积极进展。据《中国特殊教育》（2021）报道[③]，华东师范大学开发的“适应性数字学习平台”已在50余所特殊教育学校试点运行，平台能基于学生能力与学习特征调整内容与难度，为每位学生定制个性化的学习路径。教育部在《关于加强特殊教育教学改革的意见》[④]中明确指出，应“利用信息技术推动特殊教育个别化教学，探索适合不同类型特殊需求学生的教学模式和方法”。

尽管前景广阔，适应性技术在发展中仍面临挑战。如目前多数系统偏重于认知功能支持，情感与社会性需求支持尚不充分[⑤]；技术可持续性不足亦是困扰，如部分技术因缺乏后续维护而失效，建议未来采用开源与模块化策略以增强持续开发能力[⑥]；同时，数据隐私与伦理问题日益突出，尤其是针对特殊需求学生的敏感数据，亟须构建更严格的保护机制[⑦]。

---

① Boyd, L. E., Ringland, K. E., Haimson, O. L., Fernandez, H., Bistarkey, M., & Hayes, G. R. Evaluating a collaborative iPad game for social and academic enrichment in children with autism. International Journal of Child-Computer Interaction, 2018.

② Tsirmpas, C., Anastasiou, A., Bountourakis, V., & Koutsouris, D. A gamification approach for assessing the cognitive workload of students with autism. International Journal on Advances in Life Sciences, 2019.

③ 中国特殊教育 . 适应性数字学习技术在特殊教育中的应用与展望 , 2021 .

④ 中华人民共和国教育部 . 关于加强特殊教育教学改革的意见 , 2017 .

⑤ Mayer, R. E., & Estrella, G. Benefits of emotional design in multimedia instruction. Learning and Instruction, 2020.

⑥ Zheng, J., Huang, L., Li, S., Lajoie, S. P., Chen, Y., & Hmelo-Silver, C. E. Self-regulation and emotion matter: A case study of instructor interactions with a learning analytics dashboard. Computers & Education, 2021.

⑦ Williamson, B. Making markets through digital platforms: Pearson, edu-business, and the (e) valuation of higher education. Critical Studies in Education, 2021.

展望未来，适应性学习技术的发展趋势主要体现在三个方面：其一，情境感知与即时响应能力将持续提升，系统可实时识别学生的情绪、注意力和环境变化[①]；其二，跨环境学习支持将实现，技术将打破教室限制，实现家校协同与全天候学习支持[②]；其三，人机协作模式将优化，系统将进一步协同教师、家长与治疗师，共同构建全方位的支持体系[③]。

## （四）终身教育体系的数字化支撑

### 1. 学分银行系统的数字化升级

学分银行作为一种教育创新机制，其理念最早可追溯至20世纪70年代。该系统允许学习者在不同时期、不同机构中获得的学习成果得到统一认可和累积，从而为学习者提供灵活多样的学习路径和选择[④]。伴随着数字技术的发展，传统学分银行系统面临着深层次的升级需求。数字化转型为其带来根本性变革的契机，使其更好地满足学习者多元化与个性化的学习需求[⑤]。数字化学分银行系统的核心价值体现在它突破了传统教育的时空限制，为学习者构建更加开放与灵活的学习环境。该系统通过整合正规教育、非正规教育与非正式学习的成果，构建出更

---

① Luckin, R., & Cukurova, M. Designing educational technologies in the age of AI: A learning sciences-driven approach. British Journal of Educational Technology, 2019.

② Lee, Y., & Graesser, A. C. Benefits of emotional design in multimedia instruction. Learning and Instruction, 2020.

③ Holstein, K., Wiens, J., Rummel, N., Aleven, V., & Doroudi, S. Advancing AI for adaptive education: A perspective on current capabilities, future needs, and promising directions. International Journal of Artificial Intelligence in Education, 2021.

④ Schuller, T., & Watson, D. Learning through life: Inquiry into the future for lifelong learning, 2009.

⑤ Keevy, J., & Chakroun, B. Digital credentialing: Implications for the recognition of learning across borders, 2018.

具包容性的教育生态体系，并为推动教育公平提供了关键技术支撑[①]。数字学分银行不仅推动了学习成果的累积与转换，也为终身学习提供了制度层面的保障。

区块链技术以其去中心化、不可篡改和透明可追溯的特性，为学分银行系统的数字化升级提供了技术基础。其在保障学习成果认证的真实性和安全性方面展现出独特优势，能够有效解决传统系统中存在的信任与验证问题[②]。通过区块链，学习者的学习经历与成果可被安全记录并永久保存，有效防止证书被伪造与篡改。在具体应用层面，区块链技术主要体现在三个方面：一是构建去中心化的数据存储与验证机制，减少对中央权威机构的依赖；二是利用智能合约实现学分的自动转换与认证流程；三是支持微凭证（micro-credentials）的生成与验证，从而推动非正式学习成果的广泛认可[③]。这些功能显著提升了学习认证的效率与可靠性，为学习者规划个性化的学习路径提供了技术保障。

人工智能技术的发展进一步提升了学分银行系统的智能化与个性化服务能力。借助教育数据挖掘与学习分析，AI 系统能够结合学习者的背景、兴趣及职业发展目标，动态提供最适合的学习路径建议[④]。该路径规划不仅依据学习者已掌握的知识和技能，还可预测未来的学习需求与潜在挑战，从而实现前瞻性指导。通过大规模数据分析，AI 能够精准识别最适合特定学习者的课程组合与学习序列，从而优化其学习效率与体验。例如，基于学习者在不同环境中的表现与反馈，AI 系

---

① Field, J. Lifelong learning, equality and social cohesion: A strategic role for higher education. Higher Education to 2030, 2018.

② Grech, A., & Camilleri, A. F. Blockchain in education. Publications Office of the European Union, 2017.

③ Jirgensons, M., & Kapenieks, J. Blockchain and the future of digital learning credential assessment and management. Journal of Teacher Education for Sustainability, 2018.

④ Baker, R. S., & Inventado, P. S. Educational data mining and learning analytics. In Learning analytics. Springer, New York, 2014.

统可推荐最优的学习资源与策略，辅助其高效达成学习目标[①]。此外，AI系统还能提供智能化评估与预测服务，既能识别当前能力水平，又能预判未来的学习风险与机会，支持学习者进行动态调整[②]。

随着学分银行系统的推广，其与传统教育机构的深度融合也成为必然趋势。高校需要从传统的知识提供者角色转型为学习生态系统中的关键节点，更加开放地承认在非传统学习路径中获得的学分与证书，构建更为灵活的认证与转换机制[③]。通过接入学分银行系统，高校不仅可以扩展其教育服务范围，还可获得更加全面和多维的学习者数据，为教学改革和课程设计提供有力依据[④]。此外，高校借助在线课程和数字学习资源的提供，也将在学分银行生态中发挥更加积极的作用。在质量保障方面，这种融合亦推动了教育质量评估体系的重构。数字化学习环境下的评估标准需在灵活性与科学性之间寻求平衡，既尊重非正式学习成果的价值，也确保整体学习质量的可信度[⑤]。这要求教育机构、行业组织与政府之间建立协同机制，共同构建符合数字时代教育特性的质量保障框架。

### 2. 职业能力数字徽章认证体系

数字徽章作为一种新型的数字化认证工具，为职业能力的可视化

---

① Popenici, S. A., & Kerr, S. Exploring the impact of artificial intelligence on teaching and learning in higher education. Research and Practice in Technology Enhanced Learning, 2017.

② West, D., Luzeckyj, A., Toohey, D., Vanderlelie, J., & Searle, B. Do academics and university administrators really know better? The ethics of positioning student perspectives in learning analytics. Australasian Journal of Educational Technology, 2020.

③ Selingo, J. J. e future of the degree: How colleges can survive the new credential economy, 2021.

④ McCowan, T. Higher education, unbundling, and the end of the university as we know it. Oxford Review of Education, 2017.

⑤ Reeves, T. C., & Margaryan, A. Quality frameworks for MOOCs. In Open education: From OERs to MOOCs. Springer, 2019.

表达和精准认证提供了全新的解决方案。根据学者的定义，数字徽章是一种包含详细元数据的数字符号，用于记录学习者在特定领域或任务中获得的知识、技能或成就[①]。相较于传统文凭与证书，数字徽章更具灵活性与颗粒度，能够精准反映学习者在微观技能层面的能力特征。

数字徽章系统的出现源于对传统教育证书系统局限性的反思与突破，旨在构建一种更加开放、灵活且细致的认证机制。传统证书多聚焦于终结性评价，而忽视了在学习过程中积累的具体技能与综合能力。数字徽章则强调过程性评价与能力表现的可追踪性，更契合当代职场对多元能力识别的需求[②]。

目前，数字徽章认证体系已在全球范围内获得广泛应用。其中，Mozilla Foundation 发起的开放徽章计划（Open Badges）在技术标准制定与生态系统构建方面起到了关键作用。开放徽章标准的确立大幅增强了数字徽章在不同平台之间的互操作性，为构建全球化职业能力认证网络奠定了基础[③]。

在职业能力认证实践中，数字徽章相较于传统认证方式展现出诸多优势。首先，它们具备更强的精确性和颗粒度，能够具体标识某项职业技能的掌握程度，尤其适合呈现高度细化和快速迭代的技能需求[④]。其次，数字徽章支持能力的多维度表达，不仅记录知识掌握情况，还涵盖问题解决、团队合作与创新思维等综合素养，有助于用人单位全

---

① Gibson, D., Ostashewski, N., Flintoff, K., Grant, S., & Knight, E. Digital badges in education. Education and Information Technologies, 2015.

② Ahn, J., Pellicone, A., & Butler, B. S. Open badges for education: What are the implications at the intersection of open systems and badging? Research in Learning Technology, 2014.

③ Muilenburg, L. Y., & Berge, Z. L. Digital badges in education: Trends, issues, and cases. Routledge, 2016.

④ Finkelstein, J., Knight, E., & Manning, S. e potential and value of using digital badges for adult learners. American Institutes for Research, 2013.

面了解候选人的能力画像[①]。

此外，数字徽章天然地契合了终身学习与持续专业发展的理念。系统化的徽章设计可为学习者提供清晰的进阶路径，鼓励其持续学习与技能提升，在徽章积累中直观呈现其成长轨迹与未来潜力[②]。同时，数字徽章所包含的元数据使得认证过程透明化，任何人均可查阅颁发机构、评估标准与获取条件，有效提升了认证的可信度与可验证性，且大幅降低了造假风险[③]。

有效的职业能力数字徽章体系需建立在科学的胜任力模型基础之上。胜任力模型是指某一职位或角色所需的知识、技能、能力与个性特质的集合，能够为徽章与岗位需求之间的有效匹配提供理论依据[④]。在具体设计过程中，需首先通过行业调研与专家访谈明确岗位的核心胜任力。以巴川姆（Bartram，2005）提出的“大八”胜任力模型为例，其将能力划分为八个维度，包括领导、合作、分析、执行等，为多个职业领域提供了胜任力分析框架[⑤]。

接着，应将抽象的胜任力细化为可观察、可测量的行为指标，确保每一个徽章背后均有明确的表现标准和评估方法，提升认证的客观

---

① Hickey, D. T., Willis, J. E., & Quick, J. D. Where badges work better. Educause Learning Initiative, 2015.

② Grant, S. What counts as learning: Open digital badges for new opportunities. Digital Media and Learning Research Hub, 2024.

③ Jovanovic, J., & Devedzic, V. Open badges: Novel means to motivate, scaffold and recognize learning. Technology, Knowledge and Learning, 2015.

④ Campion, M. A., Fink, A. A., Ruggeberg, B. J., Carr, L., Phillips, G. M., & Odman, R. B. Doing competencies well: Best practices in competency modeling. Personnel Psychology, 2011.

⑤ Bartram, D. e Great Eight Competencies: A Criterion-Centric Approach to Validation. Journal of Applied Psychology, 2005.

性与有效性①。这一设计不仅需满足当前岗位的能力要求，还应具有一定前瞻性，反映行业技术与能力发展的演进趋势。最终，建立不同徽章之间的等级结构和逻辑关联，构建递进式的徽章生态系统，能为学习者提供清晰的成长路径与发展目标。结构化的徽章系统可通过设立基础徽章、进阶徽章与专家徽章等多级别认证，引导学习者在特定领域持续深入学习与发展②。

职业能力数字徽章体系的建设离不开企业、教育机构与行业组织之间的协同合作。徽章的公信力在很大程度上依赖于其颁发主体的权威性与行业认可度。因此，通过企业与高校联合设计与认证的数字徽章，既能对接实践需求，又能提升徽章的实用性和采信度③。

以 IBM 为代表的企业数字徽章实践提供了成功范例。该公司构建的徽章系统覆盖了从基础技术到高级专业能力的多个层级，不仅服务于内部员工培训，也面向社会开放，推动了整个 IT 行业的人才培养④。与此同时，教育机构亦在数字徽章生态中发挥重要作用。高校与职业培训机构根据行业导向设计课程内容，并与相应的徽章认证体系衔接，不仅补充了学术认证的不足，也为学习者提供了具有实际就业导向的

① Siadaty, M., Gašević, D., Jovanović, J., Pata, K., Milikić, N., Holocher-Ertl, T., Jeremić, Z., Ali, L., Giljanović, A., & Hatala, M. Self-regulated workplace learning: A pedagogical framework and semantic web-based environment. Educational Technology & Society, 2012.

② Ifenthaler, D., Bellin-Mularski, N., & Mah, D. K. Foundation of digital badges and micro-credentials. Springer, 2016.

③ Halavais, A. M. A genealogy of badges: Inherited meaning and monstrous moral hybrids. Information, Communication & Society, 2012.

④ Leaser, D., Jona, K., & Gallagher, S. Using open badges as an approach to measuring skill acquisition. In Handbook of research on modern educational technologies, applications, and management. IGI Global, 2020.

能力凭证①。

为确保数字徽章生态的有序发展，制定行业共识和标准至关重要。不同主体颁发的徽章需遵循统一的技术标准与质量规范，保障互操作性与跨机构识别的可信度。行业协会与标准组织在此过程中可发挥协调与指导作用，推动数字徽章认证体系向规范化与专业化方向发展②。

### 3. 银发群体数字学习支持计划

随着全球人口老龄化趋势的加剧，老年人的数字素养与终身学习需求愈加受到社会各界的重视。研究表明，老年人的数字素养水平直接关系到其参与社会活动、获取健康信息及享受各类数字服务的能力③。提升老年群体的数字化能力，不仅有助于弥合数字鸿沟，还能显著改善其生活质量与社会参与度。

老年学习者在学习内容与学习方式上均呈现出明显的个体特征。一方面，他们更倾向于学习与日常生活质量密切相关的知识与技能，如健康管理、财务规划、休闲娱乐等领域，同时也对历史、文化、哲学等人文学科展现出较高的兴趣④。另一方面，在学习方式上，他们更加青睐合作式与体验式学习，尤其重视过程中的情感联结与同伴互动⑤。因此，老年数字学习的支持体系亟须融合人文关怀与社群机制，为其

---

① Brown, J. T., Czerniewicz, L., Noakes, T., & Walji, S. Digital badges for professional development: A review of the Open University of South Africa. In D. Ifenthaler, N. Bellin-Mularski, & D. K. Mah (Eds.), Foundation of digital badges and micro-credentials. Springer, 2016.

② Wilson, M, Scalise, K., & Gochyyev, P. Rethinking ICT literacy: From computer skills to social network seeings. Thinking Skills and Creativity, 2016.

③ Czaja, S. J., Boot, W. R., Charness, N., & Rogers, W. A. Designing for older adults: Principles and creative human factors approaches. CRC Press, 2019.

④ Findsen, B., & Formosa, M. Lifelong learning in later life: A handbook on older adult learning. Sense Publishers, 2011.

⑤ Formosa, M. Active ageing through lifelong learning: e University of the ird Age. In e University of the ird Age and active ageing. Springer, 2019.

构建充满支持性与归属感的学习环境。

为了有效满足老年人数字学习的实际需求，数字学习平台的设计必须充分体现“适老化”原则。技术设计应回应老年人在感知、认知及操作能力方面的自然变化，界面应简洁、清晰，避免复杂结构与冗余干扰①。在视觉呈现上，应采用合理的字体大小、对比色和明晰的视觉层次，以减轻视觉负担，并简化操作流程与点击步骤②。

内容呈现则应尊重老年人的认知节奏与接受方式，使用清晰连贯的叙述逻辑，避免多模态干扰，同时提供文本、音频、视频等多种形式供选择，以适应不同偏好③。在学习节奏与难度控制方面，系统应提供自适应路径与灵活调整机制，以支持不同能力水平学习者的个性化进展④。此外，平台应注重融入社交功能，通过建立学习社群、组织线上线下互动活动，增强老年学习者的归属感与持续学习的动力⑤。

代际学习机制为老年人数字学习提供了新的可能性与路径。其本质是一种代际间的相互学习过程，年轻一代可以为老年人提供技术指导，而老年人则通过传授经验实现知识与文化的传承⑥。组织“青年教练—老年学员”模式的培训项目是一种有效实践形式，青年志愿者为老

---

① Charness, N., & Boot, W. R. Aging and information technology use: Potential and barriers. Current Directions in Psychological Science, 2009.

② Fisk, A. D., Rogers, W. A., Charness, N., Czaja, S. J., & Sharit, J. Designing for older adults: Principles and creative human factors approaches. CRC Press, 2009.

③ Broady, T., Chan, A., & Caputi, P. Comparison of older and younger adults' attitudes towards and abilities with computers: Implications for training and learning. British Journal of Educational Technology, 2009.

④ Barnard, Y., Bradley, M. D., Hodgson, F., & Lloyd, A. D. Learning to use new technologies by older adults: Perceived difficulties, experimentation behaviour and usability. Computers in Human Behavior, 2013.

⑤ Gatto, S. L., & Tak, S. H. Computer, Internet, and e-mail use among older adults: Benefits and barriers. Educational Gerontology, 2008.

⑥ Newman, S., & Hathon-Yeo, A. Intergenerational learning and the contributions of older people. Ageing Horizons, 2008.

年人提供一对一或小组形式的辅导，提升了培训的效率与亲和力，同时也增进了代际理解与信任[①]。

数字讲故事（Digital Storytelling）同样是一种兼具技术与情感价值的学习方式，老年人借助数字工具讲述其人生经验，不仅提高了数字技术应用能力，也保存了重要的历史记忆与文化智慧，年轻人在其中既是技术支持者，也成为故事的传承者[②]。此外，通过创建跨代际学习社区，将学习与社交结合，在融合交流中自然实现知识流动与情感连接，为老年学习提供持久的动力与意义感[③]。

为了保障老年人数字学习项目的成效，必须建立科学、综合的评估与激励机制。评价体系不应仅限于知识掌握，还应关注学习对老年人生活质量、社会关系与心理状态的积极影响[④]。多元评估方法的引入尤为重要，结合自我评估、同伴反馈与专家评价等方式，以形成对学习全过程的深度理解与支持[⑤]。诸如学习日志、成果展示、项目应用等形式，不仅为学习者提供自我反思的机会，也为教学者提供了教学调整的依据。

在激励机制方面，研究表明社会认同与实用价值是老年学习者最

---

① Xie, B., Druin, A., Fails, J., Massey, S., Golub, E., Franckel, S., & Schneider, K. Connecting generations: Developing co-design methods for older adults and children. Behaviour & Information Technology, 2012.

② Hewson, J., Danbrook, C., & Sieppert, J. Engaging post-secondary students and older adults in an intergenerational digital storytelling course. Contemporary Issues in Education Research, 2015.

③ Sayago, S., Forbes, P., & Blat, J. Older people becoming successful ICT learners over time: Challenges and strategies through an ethnographical lens. Educational Gerontology, 2013.

④ Merriam, S. B., & Kee, Y. Promoting community wellbeing: case for lifelong learning for older adults. Adult Education Quarterly, 2014.

⑤ Reneland-Forsman, L. 'Borrowed access' - the struggle of older persons for digital participation. International Journal of Lifelong Education, 2018.

为看重的因素①。通过设立数字证书、开展成果展示会与技能应用竞赛等形式，可为老年学习者提供充分的展示平台，增强其成就感与自我效能。将学习成果应用于社区服务亦是极具成效的策略，鼓励掌握数字技能的老年人成为“数字大使”，帮助更多同龄人迈入数字社会，不仅拓展了学习的实际价值，也形成了良性的“老带老”学习循环②。

## （五）教育科技企业的社会责任

### 1. 教育科技产品的适龄性审查机制

教育科技产品的适龄性审查机制需要以多学科理论为支撑，涵盖儿童发展心理学、认知科学及媒体影响理论等方面。研究指出，数字媒体对儿童的影响是多层次的，涵盖内容、接触频率以及商业机制，因此，适龄性评估在制定标准时需综合考虑这些层面③。此外，儿童的认知能力、社会情感发展及媒体素养均随年龄增长而发生显著变化，这就决定了适龄性标准必须依据科学的儿童发展理论进行构建，并根据各年龄段儿童的特点设定差异化的评估维度④。例如，学前儿童应重点考察产品是否具备教育性与界面友好性；而对于青少年，则需重视内容的科学性、价值观引导以及隐私保护问题。

在认知负荷理论方面，研究指出，不同年龄段儿童的工作记忆容量与信息处理能力存在差异，因此教育科技产品设计必须避免信息过载，同时也要避免因内容过于简化而影响学习效率。认知负荷的合理控制

---

① Busch, H., Hofer, J., Šolcová, I. P., & Tůma, J. Goal pursuit in later adulthood: Actual and future development. International Journal of Behavioral Development, 2016.

② Tam, M. A distinctive theory of teaching and learning for older learners: Why and why not? International Journal of Lifelong Education, 2014.

③ Livingstone, S., & Haddon, L. EU Kids Online: Final report. LSE, EU Kids Online, 2009.

④ Buckingham, D. Beyond technology: Children's learning in the age of digital culture, 2017.

为评估产品的交互设计与内容呈现是否适龄提供了科学依据①。与此同时，数字原住民与数字移民在信息接收与媒体操作方式上存在显著差异，适龄性标准应考虑当代儿童的数字经验，避免简单套用成人标准或采用过时的评估框架②。

目前，多个国家和地区已建立了较为系统的教育科技适龄性评估体系，为我国提供了重要的借鉴。欧盟的 PEGI（泛欧游戏信息）系统是一套成熟的内容分级机制，通过图标与年龄分级结合的方式向用户清晰传达内容特征，被广泛应用于游戏与教育类应用产品中③。在美国，COPPA（儿童在线隐私保护法）提供了法律框架层面的支撑，规范了 13 岁以下儿童在线服务的隐私获取、数据使用与披露行为，为适龄性评估提供了制度依据④。韩国的 GRAC（游戏分级委员会）则建立了针对教育类应用的多维度评估体系，涵盖内容适宜性、教育有效性、用户体验与技术安全性等多个层面，为区域性产品审查实践提供了示范⑤。此外，非营利机构如 Common Sense Media 则结合专业评估与家长反馈，为产品提供包含教育价值、内容正向性、语言使用等多维度的适龄性参考信息，其评价体系得到了教育者与家庭的广泛认可⑥。

构建科学、全面的适龄性审查指标体系，必须从内容适宜性、认知适配性、交互设计以及数据隐私保护四个核心维度着手。在内容方面，

① Sweller, J., Ayres, P., & Kalyuga, S. Cognitive load theory. Springer, 2011.

② Palfrey, J., & Gasser, U. Born digital: How children grow up in a digital age. Basic Books, 2016.

③ Descamps, A., Rothärmel, M., Atkins, S., & Humphreys, R. e Pan European Game Information (PEGI) system: Comparing regulation in rated and non-rated games. Entertainment Computing, 2017.

④ Montgomery, K. C., & Chester, J. Data protection for youth in the digital age: Developing a rights-based global framework. European Data Protection Law Review, 2015.

⑤ Choi, J., & Huh, J. Children's commercial media literacy: the case of Korea's regulation on gamification and digital advertising directed at children. Media, Culture & Society, 2019.

⑥ Rideout, V., & Robb, M. B. e Common Sense census: Media use by tweens and teens, 2019. Common Sense Media, 2019.

评估应关注内容的科学性、价值导向、文化包容性与语言适配程度，并对暴力、恐怖、性暗示等潜在不当内容进行识别与排查，确保内容符合特定年龄段儿童的心理发展水平。在认知适配方面，应根据儿童的认知发展阶段设置学习任务的难度与信息呈现的复杂度，设计反馈机制以促进学习动机[①]。交互层面应依据“有意义的学习”框架，考察产品是否支持主动参与、社会交互与情境式学习体验[②]。而在数据安全与隐私方面，应严格审查产品在儿童数据收集、使用、存储和传输环节中的安全机制与合规性，确保尊重并保护未成年人的数据权益[③]。

在适龄性审查机制的具体操作中，将企业自评与第三方认证相结合已被广泛认为是一种兼顾效率与公正性的有效模式。企业在产品开发初期即应内嵌适龄性考量，构建内部审查机制与评估流程，落实“设计中的责任”理念，并通过真实用户的测试收集反馈，不断优化产品设计[④]。与此同时，独立的第三方认证机构则提供了权威、专业的外部评估视角，有助于增强结果的公信力与影响力。依据产品性质、使用对象及影响范围，认证可以采用前置审查、抽样评估或用户投诉驱动等方式，构建分级、分类型的监管策略[⑤]。

在正式机制之外，用户社区亦可发挥监督功能。建立便捷的用户反馈与举报渠道、激励专业评价平台的活跃度，有助于构建动态监测

---

① Blair, C., & Raver, C. C. School readiness and self-regulation: A developmental psychobiological approach. Annual Review of Psychology, 2015.

② Hirsh-Pasek, K., Zosh, J. M., Golinkoff, R. M., Gray, J. H., Robb, M. B., & Kaufman, J. Puring education in "educational" apps: Lessons from the science of learning. Psychological Science in the Public Interest, 2012.

③ Lupton, D., & Williamson, B. datafied child. dataveillance of children and implications for their rights. New Media & Society, 2017.

④ Vosloo, S. Designing inclusive digital solutions and developing digital skills: Guidelines., 2018.

⑤ Graber, D., & Lindberg, K. Ethical frameworks for AI in education, 2021.

网络，尤其适用于内容频繁更新的教育科技产品[①]。同时，适龄性审查应当是一个动态过程。随着产品功能演进、内容迭代与用户结构变化，原有的适龄性判断可能失效，因此亟须建立产品周期内的持续跟踪与定期复审机制，确保产品在实际使用过程中始终符合儿童发展与安全的最新需求[②]。

### 2. 未成年人数字保护的企业自律公约

未成年人在数字环境中的权益保护已经成为全球范围内的关键议题，越来越多的国际组织和国家政府积极出台政策法规以应对相关挑战。根据联合国儿童基金会（UNICEF）发布的《儿童在数字世界中的权利》报告，儿童在数字世界中同样享有《儿童权利公约》所确立的基本权利，包括信息获取权、隐私权、表达自由以及免受伤害的权利[③]。这一全球权利框架为企业制定自律公约提供了明确的价值导向和原则基础。

在法律层面，欧盟的《通用数据保护条例》（GDPR）以及英国的《年龄适用设计规范》（Age Appropriate Design Code）构建了较为先进的法律保障体系。这些法律不仅规定了如默认隐私设置、数据最小化、年龄验证等具体措施，同时也强调企业需将儿童的最佳利益置于产品设计与服务运营的核心位置[④]。而在新兴经济体中，各国也正从传统的内容过滤逐步转向涵盖时间管理、交易限制、社交安全与隐私保护的综

① Bogost, I. the cathedral of computation, 2015.

② Selwyn, N. Distrusting educational technology: Critical questions for changing times, 2014.

③ Livingstone, S., Carr, J., & Byrne, J. One in three: Internet governance and children's rights. Global Commission on Internet Governance, 2010.

④ Stoilova, M., Livingstone, S., & Nandagiri, R. Children's data and privacy online: Growing up in a digital age: An evidence review. London School of Economics and Political Science, 2019.

合治理体系，为企业自律机制提供了更具前瞻性的治理视角[①]。

学术界亦从风险的维度系统梳理了未成年人在数字环境中可能面临的问题。研究普遍将风险划分为三类：内容风险（如接触不适宜信息）、联系风险（如遭遇不当社交行为）和行为风险（如沉迷或过度消费）等，这些分类为企业在制定自律公约时提供了科学依据和策略基础[②]。

结合国际经验与研究成果，构建企业自律公约的核心框架应涵盖六个关键领域：产品设计原则、内容审核标准、用户行为管理、隐私与数据保护、消费保护机制以及风险应对策略。在产品设计方面，应遵循“设计中的安全”与“设计中的隐私”原则，强调在产品开发初期即嵌入风险防控机制[③]，例如通过分级访问控制、适龄默认设置和显著安全提示等方式，为不同年龄段用户提供差异化的产品体验[④]。

对于内容审核，自律公约应建立自动与人工审核相结合的多层筛查机制，不仅需明确不适宜内容的分类标准和操作流程，还应注重推动积极内容的传播，提升平台整体的环境质量[⑤⑥]。在用户行为管理层面，企业应鼓励使用时间管理工具、防沉迷提醒等功能，并建立有效的社

---

① Wang, V., & Zhou, P. e protection of children's personal information online: A comparative study of emerging legal frameworks in the UK , US, EU and China. Computer Law & Security Review, 2018.

② Byrne, J., Kardefelt-Winther, D., Livingstone, S., & Stoilova, M. Global kids online research synthesis, 2015-2016. UNICEF Office of Research-Innocenti, 2016.

③ Kidron, B., Evans, A., & Afia, J. Disrupted childhood: cost of persuasive design. 5Rights Foundation, 2018.

④ Barassi, V. Child data citizen: How tech companies are profiling us from before birth. MIT Press, 2020.

⑤ Gillespie, T. Custodians of the internet: Platforms, content moderation, and the hidden decisions that shape social media. Yale University Press, 2018.

⑥ Zaman, B., Nouwen, M., Vanathenhoven, J., de Ferrerre, E., & Van Looy, J.. A qualitative inquiry into the contextualized parental mediation practices of young children's digital media use at home. Journal of Broadcasting & Electronic Media, 2016.

交安全机制以防止网络欺凌与不当交流①。

隐私与数据保护方面的标准须格外严格，尤其在数据收集的必要性、比例性以及告知与同意机制上制定细致规范。同时，应禁止对未成年人进行个性化的广告投放或位置追踪，并设立数据到期删除机制②。

在消费保护方面，研究指出未成年人容易受到游戏机制与社交影响的驱动，产生非理性的消费行为，因此企业应设置消费限额、提供退款机制，并明确标识虚拟商品的价格和付费操作③。针对风险防控，企业不仅需建立事前风险识别与预防体系，还应设立高效透明的事后响应机制，如专属的投诉通道与快速处理团队，以保障儿童权益④。

确保自律公约有效落地，关键在于构建健全的实施与监督机制。研究显示，成功的行业自律体系应当建立在明确职责划分、高透明度与正负激励机制的基础之上⑤。在组织结构上，可以由行业协会牵头设立标准制定委员会、实施指导小组和监督评估团队，吸纳企业代表、专家、家长团体和监管机构等多方参与，以提升制度科学性与执行广度⑥。

为强化公信力，企业应定期发布自律执行情况报告，公开内容审核记录、举报受理情况和改进措施，从而提升透明度并促进企业之间

① Blum-Ross, A., & Livingstone, S. The trouble with "screen time" rules. In Z. Papacharissi (Ed.), A networked self and birth, life, death, 2018.

② Montgomery, K. C., Chester, J., & Milosevic, T. Children's privacy in the big data era: Research opportunities. Pediatrics, 2020.

③ King, D., Delfabbro, P., & Griffiths, M. e convergence of gambling and digital media: Implications for gambling in young people. Journal of Gambling Studies, 2020.

④ Livingstone, S., &third, A. Children and young people's rights in the digital age: An emerging agenda. New Media & Society, 2017.

⑤ Donoso, V., Pyżalski, J., Walter, N., Retzmann, N., Iwanicka, A., d'Haenens, L., & Tsaliki, L. Report on the outcomes of the stakeholder consultation: Risks, opportunities, and rights for children online. EU Kids Online, 2017.

⑥ Marsden, C. T. Internet co-regulation: European law, regulatory governance and legitimacy in cyberspace. Cambridge University Press, 2011.

的互学互鉴①。激励机制方面，不仅可以通过授予合规标识、组织评优表彰等方式激发企业参与的积极性，也应结合曝光与行业约束手段形成有效震慑。同时，自律应与法律监管有效衔接，实现软法与硬法的互补，提升整体治理效率②。

社会多元参与也是监督企业自律的重要保障。研究提出，应建立由教育者、家长组织、青少年代表等组成的多方监督机制，通过定期对话、咨询活动和反馈收集机制，共同评估公约的实施效果并推动其与时俱进③。

关于企业自律与法律监管的关系，已有研究明确指出，两者并非对立，而是互补的治理工具。企业自律具备应变快、灵活性强等优势，尤其适用于应对快速演化的数字风险和产品迭代④，但其执行力与公信力存在天然不足，容易出现"搭便车"与责任推诿等问题⑤。

因此，理想的路径是在国家设定法律底线的基础上，鼓励行业制定细化标准与落实细则，由双方共同监督执行，从而形成"共同监管"机制⑥。在执行策略上，可采纳"渐进式监管"模式，即对表现优良的

---

① O'Neill, B. First report on the implementation of the ICT principles. ICT Coalition for a Safer Internet for Children and Young People, 2014.

② Macenaite, M., & Kosta, E. Consent for processing children's personal data in the EU: Following in US footsteps? Information & Communications Technology Law, 2017.

③ Livingstone, S., Haddon, L., & Görzig, A. Children, risk and safety on the internet: Research and policy challenges in comparative perspective., 2013.

④ Cannataci, J. A., Zhao, B., Torres Vives, G., Monteleone, S., Bonnici, J. M., & Moyakine, E. Privacy, free expression and transparency: Redefining their new boundaries in the digital age. 2016.

⑤ Lievens, E. Is self-regulation failing children and young people? Assessing the use of alternative regulatory instruments in the area of social networks. In S. Simpson, H. Van den Bulck, & M. Puppis (Eds.), European media policy for the twenty-first century: Assessing the past, seeing agendas for the future. Routledge, 2016.

⑥ Latzer, M., Saurwein, F., & Just, N. Assessing policy II: Governance-choice method. In W. Van den Bulck, M. Puppis, K. Donders, & L. Van Audenhove (Eds.), Palgrave handbook of methods for media policy research, 2019.

企业降低监管密度，而对未履行自律义务的企业施加更严格的约束和处罚，以此形成激励合规、惩戒违规的动态平衡[①]。

### 3. 教育公益项目的科技企业参与模式

教育科技企业参与教育公益的理论基础可以从多个学术视角进行分析。卡罗尔（Carroll，1991）提出的企业社会责任金字塔理论认为，企业责任包括经济责任、法律责任、伦理责任和慈善责任四个层次[②]。在这一框架下，教育科技企业开展公益活动，不仅是履行慈善义务，更是满足社会期望、提升品牌形象与推动可持续发展的战略性选择。

波特和克拉默（Porter & Kramer，2011）进一步发展了这一理念，提出“共享价值”（Creating Shared Value，CSV）理论，强调企业应将社会问题转化为商业机会，通过创新产品、重塑价值链和发展本地产业生态，实现经济价值与社会价值的协同创造[③]。在教育领域，这意味着企业可通过开发针对弱势群体的数字教育工具、提供基础设施或推动数字技能普及等方式，既服务社会又开拓市场。

此外，弗里曼等（Freeman et al，2010）人的利益相关者理论指出，企业应在股东、员工、客户、供应商、社区和政府等多元群体之间实现平衡，企业的社会信誉与公众信任是其长期成功的重要基础。教育公益项目正是企业回应社会关切、加强公众关系的重要路径之一。[④]

普拉哈拉德和哈特（Prahalad & Hart，2002）提出的“金字塔底部”

---

① McLaughlin, S. Regulating the data economy: Limits and opportunities for the regulation of electronic communications. In P. Drahos (Ed.), Regulatory theory: Foundations and applications, 2018.

② Carroll, A. B. pyramid of corporate social responsibility: Toward the moral management of organizational stakeholders. Business Horizons, 1991.

③ Porter, M. E., & Kramer, M. R. Creating shared value. Harvard Business Review, 2011.

④ Freeman, R. E., Harrison, J. S., Wicks, A. C., Parmar, B. L., & De Colle, S. Stakeholder theory: the state of the art. Cambridge University Press, 2010.

（Bottom of the Pyramid, BOP）理念也为教育科技企业提供了重要启发，即通过服务低收入人群实现包容性增长[①]。在数字教育领域，由于“马太效应”普遍存在，弱势群体获取优质资源的难度更大，企业参与教育公益可以有效弥合这一数字鸿沟，推动教育公平。

从实际参与路径看，教育科技企业在教育公益中可采取多种模式，不同模式反映了企业参与深度与资源投入方式的差异。产品捐赠与服务共享是最直接的形式，企业通过提供软件许可、硬件支持或开放平台服务可以快速扩展教育资源覆盖面[②]。然而，单纯的技术捐赠若无配套的培训与支持，容易造成资源浪费[③]，因此应结合内容适配、能力建设与维护机制共同推进。

基础设施建设也是企业重要的参与形式之一。在许多基础薄弱地区，教育数字化的瓶颈在于缺乏网络与终端设备。科技企业可以通过提供连接设施、设备捐赠或开发离线解决方案，为边远地区教育数字化提供技术基础[④]。如 Microsoft 的“白色空间”项目即利用未使用的电视频段提供低成本网络服务，助力农村地区接入互联网。

教师能力建设被认为是提升教育科技使用效能的关键一环。米什拉和凯勒（Mishra & Koehler，2006）的 TPACK 模型指出，只有将技术知识、教学法和学科内容进行有机整合，教师才能充分利用数字教育

---

① Prahalad, C. K., & Hart, S. L. The fortune at the bottom of the pyramid. Strategy+Business, 2002.

② Reich, R. Just giving: Why philanthropy is failing democracy and how it can do better. Princeton University Press, 2018.

③ Toyama, K. Geek heresy: Rescuing social change from the cult of technology. PublicAffairs, 2015.

④ Hosman, L., & Comisso, N. Creating digital bridges: the affordances and challenges of ICT interventions in developing countries. First Monday, 2020.

资源[①]。企业可通过开发在线培训课程、组织教学研讨或建立教师学习社群等方式提升教育一线人员的数字素养与实践能力[②]。

同时，本地化内容开发对于推动教育公平至关重要。语言障碍、文化不适配和情境差异是数字内容难以普及的重要原因。企业若能投入资源，推动内容本地化、语言适配或与当地组织合作开展情境化课程开发，将更有助于提升教育资源的使用率与认同感[③]。

高阶形式的教育公益参与还包括对本地教育创新与创业的扶持。代格尔迈尔等（Deiglmeier et al, 2008）人提出的“社会创新”理念强调[④]，应通过资助计划、创新竞赛和创业孵化等方式，激发本地教育者和技术人员开发面向实际问题的创新型解决方案。这类做法不仅能解决现存问题，也能在社区内部培育长效的教育创新生态。

然而，在推进教育公益的过程中，企业也面临诸多挑战。项目可持续性是首要问题。伊斯特利（Easterly，2006）指出，许多公益计划在外部资金退出后难以维持运转[⑤]。为提升可持续性，普拉哈拉德（2012）建议企业应在公益中融入市场机制，通过分层定价、交叉补贴等方式平衡公益与盈利[⑥]。例如，“One Laptop Per Child”（每名儿童一台笔记本电

① Mishra, P., & Koehler, M. J. Technological pedagogical content knowledge: A framework for teacher knowledge. Teachers College Record, 2006.

② Balasubramanian, K., Clarke-Okah, W., Daniel, J., Ferreira, F., Kanwar, A., Kwan, A., ... & West, P. ICTs for higher education: Background paper from the Commonwealth of Learning. UNESCO World Conference on Higher Education, Paris,2009.

③ Warschauer, M., & Matuchniak, T. New technology and digital worlds: Analyzing evidence of equity in access, use, and outcomes. Review of Research in Education, 2010.

④ Deiglmeier, K., Miller, D. T., & Phills, J. A. Rediscovering social innovation. Stanford Social Innovation Review, 2008.

⑤ Easterly, W. e white man's burden: Why the West's efforts to aid the rest have done so much ill, 2012.

⑥ Prahalad, C. K.. Bottom of the pyramid as a source of breakthrough innovations. Journal of Product Innovation Management, 2012.

脑）项目就通过“商业销售 + 公益捐赠”模式实现了资源的持续流转。

成效评估则是公益项目管理的另一个痛点。瓦格纳（Wagner，2018）指出[①]，缺乏证据基础常常使得项目难以衡量实际效果。格特勒等（Gertler et al, 2016）人提出可采用影响评估方法[②]，例如使用随机对照组、追踪数据等手段评估项目的真实效应，如 Khan Academy 与 J-PAL 合作开展的实证研究为数字教育的优化提供了科学依据。

此外，多方协作是实现教育公益目标的关键保障。奥斯汀（Austin）与塞塔尼迪（Seitanidi，2012）[③] 提出“跨部门社会合作”模型，强调企业应与政府、非营利组织及社区协同推进项目，由企业提供技术与资源，政府提供政策支持，公益组织贡献专业知识，社区参与共创共建，实现共赢格局。

文化敏感性同样是公益项目成败的关键变量。希克斯（Heeks，2002）指出[④]，项目失败往往是由于忽视了当地的文化、制度与需求差异。因此，托亚姆（Toyama，2011）提出“人本设计”策略[⑤]，强调在产品与项目设计过程中，应深入理解用户需求，尊重当地实践，采用共创机制，提升文化适配度。

能力差距则是制约教育公益成效的深层次因素。华沙（Warschauer，2004）提出，数字鸿沟不仅表现为物理设备的缺乏，还包括技能差、使

---

① Wagner, D. A. Learning as development: Rethinking international education in a changing world., 2018.

② Gertler, P. J., Martinez, S., Premand, P., Rawlings, L. B., & Vermeersch, C. M. Impact evaluation in practice, 2016.

③ Austin, J. E., & Seitanidi, M. M. Collaborative value creation: A review of partnering between nonprofits and businesses. Part I. Value creation spectrum and collaboration stages. Nonprofit and Voluntary Sector Quarterly, 2012.

④ Heeks, R. Information systems and developing countries: Failure, success, and local improvisations. the Information Society, 2002.

⑤ Toyama, K.Technology as amplifier in international development. In Proceedings of the 2011 iConference, 2011.

用意愿低与社会支持弱等层面[①]。范迪克（Van Dijk，2012）认为，应综合考虑设备配置、培训支持、场景建设与社群营造等手段协同推进[②]。例如，谷歌的“数字公民计划”不仅提供硬件工具，还开发数字素养课程与教师培训体系，全面增强受益群体的技术能力。

在全球范围内，已有多个成功的教育公益项目提供了可资借鉴的经验。如微软的“助力教育”项目通过硬件捐赠与培训融合，建立与政府的长期合作机制，开发本地教学资源与教师社群，实现技术与教学的有效整合[③]。

可汗学院（Khan Academy）的“离线版”则展示了如何通过技术轻量化与本地缓存解决网络覆盖难题，同时通过全球志愿者翻译资源，极大提升了内容的可及性与多语言适配性[④]。

IBM 的“STEM for Girls”项目则以性别平等为切入点，通过女性工程师示范教学、社区动员和家庭参与等手段，帮助女孩克服进入 STEM 领域的障碍[⑤]。

谷歌的“CS First”项目则以项目式学习和兴趣驱动的内容设计提升学生编程素养，通过丰富的教学资源与多样的实施路径支持学

① Warschauer, M. Technology and social inclusion: Rethinking the digital divide. MIT Press, 2004.

② Van Dijk, J. A. the evolution of the digital divide: digital divide turns to inequality of skills and usage. In J. Bus, M. Crompton, M. Hildebrandt, & G. Metakides (Eds.), Digital enlightenment yearbook, 2012 .

③ Carlson, S. C., & Sullivan, K. J. Microsoft's enabling education program: A collaborative atempt to resolve the digital divide. In M. Karoly & L. Parrish (Eds.), Education and technology in the 21st century, 1999.

④ Mayo, M. J. Khan Academy: Learning through distance education. In A. Isman (Ed.), Educational technology trends , 2018.

⑤ Ashcra, C., Eger, E. K ., & Sco K . A. Girls in IT:e facts. National Center for Women & Information Technology, 2016.

校教学[1]。

从这些案例中可以总结出若干最佳实践：其一，应采用系统性的解决方案，技术、内容、教师与支持体系协同推进[2]；其二，应高度重视本地能力建设，逐步实现由外部推动向内部驱动的转型[3]；其三，应建立有效的评估机制与数据反馈系统，实现基于证据的项目迭代与优化[4]；其四，应推动结构性变革，如政策支持、文化转变和治理改革，实现深层次影响[5]；其五，应探索可持续的资金与运营模式，将公益目标与商业逻辑有机结合，确保项目的长期运转[6]。

---

① Margolis, J., Estrella, R., Goode, J., Holme, J. J., & Nao, K .Stuck in the shallow end: Education, race, and computing. MIT Press, 2017.

② Cotton, S. R., Shank, D. B., & Anderson, W. A.Gender, technology use and ownership, and media-based multitasking among middle school students. Computers in Human Behavior, 2014.

③ Toyama, K. Technology as amplifier in international development, 2011.

④ Gertler, P. J., Martinez, S., Premand, P., Rawlings, L. B., & Vermeersch, C. M.Impact evaluation in practice. the World Bank,2016.

⑤ Meadows, D. H.inking in systems: A primer. Chelsea Green Publishing,2008.

⑥ Seelos, C., & Mair, J. Social entrepreneurship: Creating new business models to serve the poor. Business Horizons, 2005.

# 九、全球教育数字化的未来趋势

在数字化转型加速、新兴技术不断涌现的背景下，数字化教育的低成本、个性化、灵活性等特点为教育领域提供了更多便利和可能。

## （一）教育数字化的标准化与互操作性

随着越来越多的数字化教育系统和应用程序被投入使用，确保这些技术的互操作性变得十分重要。互操作性是指应用程序之间无缝、安全且受控的数据交换。数据互操作性是一种强大的可以改变教学和学习方式的工具。解决学区和学校面临的数据互操作性挑战，对于帮助教师实现个性化教学以及课堂实践创新至关重要。对于学校管理者，可借助更丰富的工具及深度数据分析，做出资源分配、保障公平、弥补教学差距等决策，确保学生受到公平对待并解决学校内部的教学差距，减少“数据孤岛”的现象。当教育数字技术网络拥有完善的标准构建时，教育系统和应用程序可以遵循相同的框架或使用相同的系统语言，从而让不同的教育数字产品相互兼容并实现数据的互通。在教育技术实现标准化后，学生和教师可以更高效地使用不同的数字工具，学校也可以避免购买重复的软件和硬件，减少了运营成本。

作为一个非营利性的教育技术社区，EdTech 制定了学习工具互操作性（LTI）规范作为学习管理系统（LMS）全球标准的一部分。该标准旨在将任何学习管理系统连接到外部的教育工具或应用程序，如虚拟教室、在线资源或特定领域的学习引擎，从而达成创新产品的快速部署并为教学无缝协作奠定基础。学习工具互操作性（LTI）规范可以减少将学习平台与学习工具连接起来的时间和开发成本，为学生和教师提供流畅、简洁且安全的访问方式并减少教师的工作量。比如，通过自动同步不同学习平台或外部工具的学生成绩，互操作性规范让教师可以更便捷地评估学生的学术表现并掌握学生的学习进度。该规范为构建一个开放、可信和创新的数字学习生态系统提供了有力的支持，为教师和学生提供了更多的教学和学习选择。

发源于美国的独角兽项目（Project Unicorn）作为一项全国性倡议，由位于布鲁克林的非营利组织 InnovateEDU 协调，联合教育领域多方利益相关者共同推进。其使命聚焦于通过互操作性优化和革新教育数据。该项目致力于组织活动、开发工具和资源，明确 K-12 教育阶段的互操作性标准，助力教育科技供应商满足互操作性需求并提升他们对互操作性重要性的认知。独角兽项目并不支持特定的产品或数据标准，而是专注于推动安全、可控的数据交换的教育倡导行动。由于当前基础教育领域普遍面临数据碎片化的问题：教师需手动跨平台录入成绩与行为数据，导致工作负担加重；管理者因系统割裂难以形成全局学情画像，制约资源精准配置；学生成长数据分散于独立系统，阻碍个性化学习路径规划。针对上述痛点，独角兽计划通过多方协同机制推动教育数据标准化进程，聚焦三大核心任务：首先，制定包含数据格式、唯一标识符、隐私保护等维度的互操作性框架，建立机器可读数据规范，开发技术选型评估工具，引导教育机构在采购中优先选择符合开放标准的系统。其次，构建由学区、学校、供应商组成的创新联盟，形成需求侧合力，促使技术供应商遵循统一数据接口。最后，编制《教育数据权利指南》等工具包，帮助教师掌握数据聚合分析技能，使课堂评估、个性化干预等环节实现数据驱动。

## （二）全球教育数字化合作产生新模式

随着数字时代对全世界教育系统产生的影响，国际社会逐渐意识到了伴随这一新发展而来的挑战，那就是不同地域、经济发展不平衡等因素造成的数字鸿沟。为了帮助更多国家从数字时代中受益，打破地域限制并促进教育资源共享，新的全球教育数字化合作机制层出不穷。

其中，协作性在线国际学习项目逐渐在国际高校中流行。通过在线平台，不同国家的教育机构可以共同开发课程内容并共享教学资源，从而促进参与者的跨国界交流和合作学习。协作性在线国际学习的概念最初由纽约州立大学提出，旨在吸引那些可能因为时间或经济限制而无法出国留学的学生接受高等教育。随着这种合作交流学习模式的流行，越来越多国际教育组织开始推进并开展跨文化项目。在北卡罗来纳州立大学和多个日本大学的协作在线学习项目中，学生得以克服语言障碍、参与跨文化对话并培养同理心。最终，这些项目不仅在学生中获得了良好的反响，也帮助跨国教育机构的教师和决策者们建立了深入的伙伴关系，为未来的国际合作开辟了进一步的可能性。

此外，欧盟的“Erasmus+”计划作为一种创新的合作模式，在促进教育领域交流、推动教育数字化转型等方面发挥着重要作用。该计划始于 1987 年的高等教育学生交换项目，历经多年发展，该计划已成为欧盟极具影响力的教育项目，自启动以来已有 1600 万人参与，且参与学习流动的人数逐年递增。目前，该计划覆盖的对象范围仍在扩大，包括了小学生、高等教育学生、实习生、教师、培训师、青年工作者、体育教练以及职业教育培训和成人学习人员。该计划希望帮助学员接触来自各个社会背景的更多人，同时与世界其他地区建立更牢固的关系并促进更具前瞻性的研究领域。该计划旨在支持个人的学习流动交换，促进教育组织和机构间的合作并助力教育政策的制定。通过构建欧洲教育区并赋能年轻人达成促进欧洲身份认同等重要政治目标。该计划借助数字化手段打破了地域和机构间的限制，促进了教育资源的共享与合作。例如，通过在线学习平台和虚拟交流工具，参与者可以跨越国界获取优质教育资源，与不同国家的师生进行交流合作。这种数字化合作模式，不仅为学生个体提供了改变人生的学习体验，还推动了教育领域的创新和可持续发展，加强了欧洲乃至全球教育界的联系与合作，为全球教育数字化合作提供了可借鉴的范例。

## （三）教师面临数字化教育角色的转变

在传统教育模式中，教师的主要职责是将知识传授给学生，随着互联网和各种数字化工具的普及，学生获取知识的途径变得更加多样化和便捷化。他们可以通过在线课程、教育视频、电子书籍等资源自主学习。因此，教师不再需要花费大量时间讲解课本上的基础知识，而是将更多精力放在引导学生如何有效利用这些资源上，帮助他们学会自主学习的方法与技巧。

在数字化环境中，教师的身份发生了诸多变化，他们成为技术的整合者，需要将各种数字化工具和技术融入教学中。在数学教学中，使用几何绘图软件帮助学生直观地理解几何图形的性质和变换；在语言教学中，利用语音识别软件帮助学生纠正发音等。

要成为数据分析师，数字化教学平台会记录学生的学习行为和学习结果数据，如作业完成情况、测验成绩、在线学习时间等。教师通过对这些数据的分析，可以了解每个学生的学习进度和难点，从而为学生提供个性化的学习建议和辅导。

要成为在线学习社区的管理者，为了促进学生之间的交流与合作，教师需要创建和管理在线学习社区。在这个社区中，学生可以分享学习心得、讨论问题、进行小组项目合作等。教师需要制定社区规则，引导学生积极参与，并及时解决社区中出现的问题和冲突。

## （四）数字技术灵活运用在教学方法中

教师需要不断学习新的数字化技术并将其灵活运用在教学方法中，以适应教育变革。在针对芬兰小学远程教育时期的一项研究中，案例显示当教育领域发生变化时，教师的创新能力和运用数字化技术进行专业知识教学的能力成为关键的成功因素。同时，为了满足市场对具有数字化素养的人才的需求，教师也应当从知识传授者过渡到学习设计者，从课堂主导者过渡到学习协作者，让学生在学习过程中担任主动角色，引导学生合理利用新兴技术来辅助学习。例如，在教授历史课程时，教师可以推荐一些优质的历史纪录片、在线博物馆资源等，让学生通过观看和浏览这些材料来了解历史事件的背景和经过。然后，在课堂上，教师引导学生对这些历史事件进行深入讨论，探讨其背后的原因、影响以及与现代社会的联系，从而培养学生的批判性思维和历史素养。

在教育策略方面，有效的课堂技术整合能促进学生参与，推动形成以学生为中心、基于项目的学习环境。教师需掌握基本数字技能、设定合理教学目标、有效管理共享资源，还可利用协作学习平台创建个性化课程，且要根据学校资源情况调整整合策略。迈阿密戴德县一个学区的 400 多所学校和 35 万名学生都部署了数字设备并提升了带宽，为了真正发挥这项技术投资的潜力，该学区非常重视让教师掌握数字素养，以便将技术充分融入学习体验中。为此，该学区定期举行数字素养日，为教师提供展示、交流并探索数字技能在课堂中如何应用的机会，帮助教育工作者找到在课堂上使用技术的真实方法。例如，使用谷歌地球探索不同的地点，通过 Skype 将学生与专家联系起来，或者鼓励学生创建应用程序来磨炼他们的编程技能。学校部门还强调建立以学生为中心的教室，提供实践性、个性化和学生主导的学习机会。最后，还有由学区任命的数字辅导员，他们去往不同学校为教师提供支持，例如举行技术答疑并提供符合标准的数字技术课程和培训机会。

## （五）教育政策要推动高质量的数字教育

从政策制定者的角度，应尽可能确保每个公民都能拥有在技术创新环境中生活和工作所需的知识和技能并提供终身学习的机会。可能的支持政策包括加大对学校数字教育基础相关设施和服务以及教师培训的投入；开发免费或低成本的数字教育资源，缩小不同地区、不同家庭背景学生之间的教育差距；加强各国之间的教育合作，推动技术共建和资源共享。

在数字基础设施建设方面，政府应优先为学校尤其是农村和低收入地区的学校提供高速互联网。同时，可与学校、图书馆和当地团体合作设立社区学习中心，如爱沙尼亚的数字学习中心模式，为学生提供互联网接入服务和计算机硬件，延长学生访问数字资源的时间，并为学生和家长提供数字工具使用培训与支持。政府还可以建立公私合作伙伴关系（PPP），通过税收优惠和补贴鼓励私营部门投资数字教育。与科技公司合作，为低收入家庭捐赠或提供可负担的设备及互联网服务，促进学校与私营公司合作开发创新教育技术和平台，类似意大利“数字团结倡议”的合作模式。在包容性教育政策上，要确保每个学生，无论社会经济地位如何，都能接受高质量的数字教育。通过公共财政援助或补贴帮助低收入家庭购买互联网和数字设备，同时确保数字学习平台对残疾学生开放且具备适应性，符合《残疾人权利公约》相关要求，为残疾学生提供合理便利和支持措施，教师需接受相关培训，且与利益相关方合作并定期监测以维持无障碍标准。

## （六）学生应当合理运用数字化工具

从学生的角度，学生应当合理运用数字化工具，提高数字素养，培养终身学习的意识。一方面，当今就业市场变化迅速，世界经济论坛在2020年估计，8500万个工作岗位可能在未来被取代，同时人机分工转变会创造9700万个新岗位。学生需要具备强大的数字技能以适应这种变化，支撑其教育和职业生涯的发展。另一方面，数字素养教育能培养学生多方面能力。它有助于学生形成批判性思维，使其掌握分析和评估数字内容的技能，从而在学术和日常生活中作出明智决策；能传授数字公民技能，如网络安全实践、隐私保护等，让学生能负责任地在数字世界中活动；还能使学生具备文件管理、数字协作等基本技能，对其大学学习和未来职业成功至关重要，且有助于学生适应和学习新技术。在数字技能培养内容上，数字素养课程应涵盖基本的计算机素养、高级技能，以及数字创造力技能。此外，学生还需培养成长心态，具备适应能力和灵活性，以应对技术变化。学习理解和尊重不同观点，从而与来自不同文化背景的同学开展有效合作，通过将技术教育与培养全球能力和公民意识的课程相结合，为全球化发展做好准备。时刻牢记数字化工具只是学习过程中的推动者，学生才是个人学习过程中的控制者和决策者。在合理的范围内运用技术，才能避免滥用技术带来的风险。

# 后　记

在这个数字浪潮汹涌澎湃的时代，教育正经历着一场前所未有的深刻变革。教育的数字化正以磅礴之势重塑着教育的面貌，推动着教学方式、学习模式以及教育资源配置的深刻变革。教育数字化不仅关乎技术的迭代更新，更是一场深刻的教育理念革新，它促使我们重新审视教育的本质、目标与价值。在这一过程中，我们既要拥抱技术带来的无限可能，又要坚守教育的初心，确保技术服务于人的全面发展，为每一个学习者提供公平而有质量的教育机会。

教育数字化的未来充满希望与机遇，但也面临着诸多挑战。技术的快速发展要求教育工作者不断更新理念与技能，社会对教育公平的期待促使我们寻求更具包容性的数字化解决方案，而学习者的需求多样化则需要我们构建更加个性化、灵活的教育体系。本书试图从多个维度深入探讨这场变革的内涵、路径以及未来发展方向，期望能够引发读者对教育数字化转型的深入思考，激发更多人投身于教育创新的实践之中，共同探索数字变革下教育的美好未来。

在本书的撰写过程中，我们得到了来自各方的许多帮助和支持，特别感谢所有参与本书撰写和修订的人员，他们的辛勤工作和专业知识为本书的完成提供了重要支持。长治市实验学校党支部书记、校长崔晓飞，北京市科学技术研究院张士运研究员、肖雯研究员、张微副研究员，中国传媒大学杨悦教授均策划并指导了调查研究工作，为全书的构思和研究结论的形成做出了重要贡献。我们还要感谢那些在文献搜集、调研和分析中做出贡献的研究助手们。美国德州大学奥斯汀分校信息学专业研究生陈言昕和中国传媒大学管理科学与工程专业研究生邹长君均参与了国内外相关研究资料的收集和整理工作。陈言昕还参与了本书第四章和第五章相关内容的撰写，中国传媒大学传媒经济博士郭岩雪以敏锐的洞察力和广阔的国际视野，参与了全球教育数字化的竞争态势和未来趋势部分的讨论和撰写。他们的智慧如星火汇聚，照亮了本书的探索之路。

教育数字化的终极目标,是构建“千人千面”的终身学习生态。愿这本著作成为教育数字化交响曲中的一枚音符。当千万教育创新者的智慧产生共振时，终将谱写出数字时代最壮美的教育诗篇。